전 통 과 현 대 의 만 남 , 영 국 맥 주 이 야 기

영국에 맥주 마시러 가자

| 만든 사람들 |
기획 인문·예술기획부 | **진행** 한윤지 | **집필** 임형철 | **편집·표지디자인** D.J.I books design studio 최혜은

| 책 내용 문의 |
도서 내용에 대해 궁금한 사항이 있으시면
저자의 홈페이지나 J&jj 홈페이지의 게시판을 통해서 해결하실 수 있습니다.
제이앤제이제이 홈페이지 www.jnjj.co.kr
디지털북스 페이스북 www.facebook.com/ithinkbook
디지털북스 카페 cafe.naver.com/digitalbooks1999
디지털북스 이메일 digital@digitalbooks.co.kr
저자 이메일 beboy3425@naver.com

| 각종 문의 |
영업관련 hi@digitalbooks.co.kr
기획관련 digital@digitalbooks.co.kr
전화번호 (02) 447-3157~8

전통과 현대의 만남, 영국 맥주 이야기

영국에
맥주 마시러 가자

———

글·사진
임형철

글을 시작하며 …

　　아직도 생생하게 떠올라 바로 어제 일만 같다. 영국행 비행기표를 덜컥 구입하던 순간, 영국 항공 비행기 안에서 신선한 퓰러스의 런던 프라이드를 처음 마시던 순간, 런던의 허름한 동네 수퍼에서 클래식 에일들을 접하고 바틀샵에서 트렌디한 크래프트 맥주를 마주하며 흥분하던 순간, 그리고 여행하는 동안 함께 맥주를 즐기며 나에게 환한 웃음을 주던 사람들과의 시간 말이다.

　　직장인의 짧은 휴가를 이용해 최대한 구석구석 다니며 다양한 맥주들을 마시기 위해 많은 정보를 미리 수집하고 계획을 짰다 생각했지만, 막상 글로 정리하며 자료를 찾다 보니 그땐 미쳐 몰랐던 것들도 더러 있어 아쉬운 점도 있었다. 그래서 나 아닌 누군가가 영국으로 맥주를 마시러 떠난다면 이 책 한 권을 통해 내가 알고 있었던 맥주에 대한 지식들과 새로이 알게 된 정보들을 담아 전달하고 싶었다. 사실 맥주에 대한 지식이라고 해 봤자 정보기술의 시대에 인터넷에서 검색만하면 누구나 쉽게 접근할 수 있는 내용들이다. 다만 산재되어 있는 정보들을 한데 모으고, 그중에서도 영국에 대한 내용들을 정리하여 여행을 준비하는 분, 혹은 굳이 여행을 가지 않더라도 영국에 관심이 있는 분들이 책을 통해 맥주에 대한 그들의 역사와 문화, 산업 그리고 전통을 이어나가는 그들의 노력을 간접적으로나마 느낄 수 있길 바란다.

맥주에 대해 잘 모르는 사람이 보더라도 누구나 이해할 수 있게끔 용어에 대한 설명도 최대한 담아내려 하였다. 한정된 지면과 보다 자세하게 설명하고자 하는 욕구가 충돌하여 그 사이의 줄다리기를 해낸 결과이지만 누군가는 아쉬울 수도 있을 듯하다. 전문가가 아닌 일반 독자들을 상대로 가볍게 풀어 쓰려고 한 점을 이해 부탁 드린다. 또한 어떤 사람은 가벼운 여행기를 읽으려고 샀으나 너무 많은 설명이 머리를 아프게 할지도 모르겠다. 첫 번째 글인 '맥주의 4대 재료' 같은 건 가볍게 넘기고, 가장 홀가분하게 써내려 갔던 여행기와 시음기만 읽어도 이 책의 역할을 다했다고 생각한다.

하고많은 국가 중에 왜 하필 영국이냐 한다면, 글쎄… 남들이 잘 가지 않는 곳을 가고 싶었던 것 같다. 많은 맥주 애호가들은 대부분 미국을 향한다. 하지만 미국이라는 나라에 잠시 생활하고 여행을 다닌 적이 있어 한번도 가보지 못했던 새로운 나라를 가고 싶다는 개인적인 욕구도 크게 작용했을 것이다. 최근에는 벨기에도 많은 맥주 애호가들이 주로 찾는 곳이 되었다. 굉장히 오래된 맥주 강대국이지만 기교함보다는 자연발효라는 그들만의 독특한 전통 양조법 때문이리라. 자연이 가져다 주는 결과물이 인간의 힘으로 만들어낸 것 이상의 황홀함을 가져다 주는 매력은 말로 설명할 수 없다. 그에 반해 영국은 맥주 강대국임에도 불구하고 크게 주목 받는 곳은 아니었다. 최근에야 신생 크래프트 양조장들의 선전으로 유럽뿐만 아니라 전세계 어딜 내놔도 뒤지지 않는 양질의 맥주들을 많이 내고 있지만, 사실 영국의 전통 에일들은 무언가 고리타분한 느낌이 있었다. 마치 영국 신사처럼 말끔하지만 한편으로는 재미없고 딱딱한 이미지랄까? 하지만 알면 알수록 이렇게 변화무쌍하고 역동적인 맥주의 역사를 가진 곳도 없을 것이다.

잉글랜드식 페일 에일의 홉을 구하기 어려운 스코틀랜드 지역에서는 홉을 덜 사용하고 몰트의 비중을 올린 스코틀랜드만의 스타일로 변하기도 했다. 고대부터 빚어진 스코틀랜드만의 허브 맥주는 명맥이 끊겼지만 최근 젊은 양조가들에 의해 복원되기도 했다. 탁하디 탁한 어두운 맥주만 있던 시절 밝은 맥아를 사용하여 만들어진 페일에일과 IPA는 제국주의라는 거대한 파도를 타고 전세계 사람들의 입맛을 사로잡기도 하였다. 그러면서 런던 지역과 버튼 지역의 IPA는 경쟁 관계가 되기도 하고, 런던에서 만들어지던 검은 맥주 포터와 스타우트에 힘입어 아일랜드에서도 드라이 스타우트라는 또 다른 스타일이 만들어지며 서로에게 영향을 끼치기도 하였다. 발아된 맥아에 세금을 매기던 아일랜드에서는 발아되지 않은 맥아를 사용함으로써 구운 맥아에서 오는 달콤함 뒤에 굉장히 드라이하게 떨어지는 특징을 갖게 되었다. 이처럼 영국과 아일랜드는 어찌 보면 한 국가 안에서 각 지역별 특징을 가진 다양한 맥주의 스타일을 만들어낸 셈이다. 또한 이는 현대의 크래프트 맥주 중 사람들이 가장 선호하는 스타일들의 초석이 되기도 하였다. 게다가 사라져가는 전통을 살리고자 리얼 에일 캠페인이라는 이름으로 옛 방식의 캐스크 보관과 핸드 펌핑을 여전히 고수하는 그들을 보고 있자면 이렇게 역동적이고 치열한 그들의 삶이 녹아난 곳도 없을 것이란 생각이 든다.

말 주변도 잘 없고, 글재주도 잘 없어 생각보다 집필하는데 꽤 오랜 시간이 걸렸다. 그렇지만 내가 알고 있는 것들을 맥주에 대해 잘 모르는 사람들에게도 전달하고 싶은 욕구는 무척이나 컸던 것 같다. (그래서 나와 비슷하게 내 주변엔 설명충이라고 불리는 사람들이 많은 듯 하다) 나 역시 맥주 양조에 대한 경험은 많지 않은 터라 쓰면서도 긴가민가한 부분은 최대한 팩트 체크를 하고자 엄청나게 많은 레퍼런스 자료를 뒤졌다. 덕분에 지칠 만큼 많은 시간을 쏟아 부었지만 그래서 더 뿌듯하기도 하다. 또한 양조에 대한 내용을 물어보기 위해 이따금씩 연락해서 귀찮게 굴었던 와일드 웨이브 양조장Wild Wave Brewing의 양조사 손의현(닉네임: Why Beer) 님에게도 감사를 전한다. 영국에서 유학하며 맥주 마시길 좋아하는 이도원 님도 글 쓰는데 도움이 될 줄 알았지만 매번 맛있는 맥주 혼자 마시며 자랑만하고 도움은 크게 안됐던 것 같다. 하지만 얼른 집필을 마무리할 수 있게 자극제가 되어준 것에 감사 드린다. 새로운 환경에서 맥주 업계로 첫발을 내딛는 것 또한 축하 드린다.

　책을 쓰기로 마음먹고 책이 출간되기까지도 많은 일이 있었다. 결혼을 하였고 아이도 세상에 태어나 전에 없던 행복을 느끼고 있다. 출퇴근과 집안일, 육아를 하며 남는 시간에 글을 쓰기란 참 쉽지 않았던 것 같다. 이제 그 중에 가장 큰 마음의 짐을 덜었으니 이제 가정에도 전념하고 그간 읽고 싶지만 미뤄두었던 남의 책들도 마음껏 읽고 싶다. 먹고 마시기만 하는 취미가 아닌 무언가의 결과물이 탄생할 수 있도록 출간에 도움을 준 와이프에게도 감사의 인사를 전한다.

2019년 1월 27일
잉글리시 발리와인을 한 잔 마시며…

맥주의 4대 재료
(Malt, Yeast, Water, Hop)

맥주를 만드는데 있어서 가장 필요한 재료는 맥아^{Malt}, 효모^{Yeast}, 홉^{Hop} 그리고 물^{Water} 4가지로 알려져 있다. 이는 1516년에 공표된 독일의 맥주순수령^{Reinheitsgebot}에 의한 것으로, 해당 시기는 효모의 존재가 발견되기 이전이므로 효모는 명기되어 있지 않았지만 통상적으로는 맥주순수령에 기반해 위 4가지 재료를 가장 기본으로 보고 있다. 홉은 맥주의 풍미를 다채롭게 만들어주는 재료로 과거에는 그루트^{Gruit}와 같은 허브^{Herb} 들을 이용하기도 하였지만 현재는 홉이 들어가지 않은 맥주는 상상하기 어려울 정도로 널리 쓰이고 있다. 각 재료의 역할에 대해서 자세히 알아보도록 하자.

맥아 Malt

몰트^{Malt}라는 단어를 영한(英韓)사전에서 찾아보면 '보리의 싹'을 의미하는 맥아(麥芽)라는 단어가 검색된다. 하지만 영영(英英)사전에서 몰트를 찾아보면 '물에 적셔^{steeped} 싹을 틔운 후^{germinated} 다시 말린^{dried} 곡물의 낟알'이라고 정의한다. 즉 보리뿐만 아니라 다양한 곡물들이 맥주 양조에 사용될 수 있다는 얘기이다. 다만 그중에서도 보리의 사용이 가장 일반적이며, 'Beer'를 의미하는 단어 맥주(麥酒)도 '보리 맥'을 사용하고 있으니 몰트라는 단어의 한글 단어도 맥아라는 표현을 그대로 사용하겠다. 맥아라는 단어를 사용해도 보리 뿐만 아니라 맥주 양조에 쓰일 수 있는 다양한 곡물을 의미한다고 생각하기 바란다.

맥아는 역할에 따라 아래와 같이 크게 3가지의 타입으로 나눌 수 있다.

❶ **기본 맥아** Base Malt : 곡물이 가진 녹말을 당화(糖化) 시킬 수 있는 맥아. 즉 알코올을 함유하는 술을 만들 수 있는 기본 뼈대가 되는 맥아를 말한다.

기본 맥아로 쓰이는 보리 맥아는 크게 두 품종으로 나뉘는데, 형태에 따라 두줄보리Two-row barley와 여섯줄보리Six-row barley가 있다. 기본 씨알 6줄에서 2줄만 여물고 나머지가 퇴화된 것이 두줄보리이다. 두줄보리는 여섯줄보리보다 단백질 함량이 적고 당분이 많아 맥주 양조에 보다 적합하다. 알곡도 두줄보리가 더 크다. 반면 여섯줄보리는 당분은 적지만 효소의 활동성이 더 좋다. 따라서 발아가 잘 되지 않는 부가적인 곡물들을 이용할 때 여섯줄보리를 함께 이용하는 것이 효율적이다. 옥수수나 쌀과 같은 저렴한 부가곡물들을 이용해 맥주를 만드는 대형 양조장들이 주로 여섯줄보리를 사용하는 편이다.

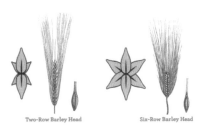

Two-Row Barley Head   Six-Row Barley Head

이미지 출처 : Jake Huolihan, "GRAIN COMPARISON: 2-ROW PALE MALT VS. 6-ROW PALE MALT | EX-BEERIMENT RESULTS!", Apr 9th 2018, Brulosophy

❷ 특수 맥아 Specialty Malt : 기본 맥아를 보조해주는 역할을 하는 맥아이다. 당화시킬 수 있는 녹말의 함량은 적지만 맥주의 무게감, 거품 지속력, 풍미를 더하고 색깔을 부여하는 역할을 한다. 여러 특수 맥아들을 조합함으로써 맥주마다의 고유한 풍미를 갖게끔 한다.

특수 맥아 또한 크게 두 가지로 나눌 수 있다. 캐러멜화된 맥아와 그렇지 않은 맥아.

• 크리스털 / 캐러멜 맥아 Crystal Malt(Caramel malt) : 크리스털 몰트라고 불리는 맥아는 곡물을 이미 한번 당화시킴으로써 얻게 되는 맥아이다. 곡물에 물을 섞고 열을 가하면 곡물에 있던 녹말이 당분으로 변하게 되는데, 이를 다시 말리면 당이 결정화되면서 아미노산과 단백질과 결합하여 맥아는 갈색 빛을 띄게 된다. 건조시키는 온도가 높을수록 맥아는 더 어두운 색을 띤다. 이렇게 당분이 결정화Crystalized 되면서 만들어진 맥아라서 크리스털 맥아 혹은 캐러멜화Caramelized 되어 캐러멜 맥아라고 부른다. 대개 단맛을 부여하며, 어두울수록 단맛과 더불어 견과류 같은 맛을 선사한다.

• 구운 맥아 Roasted Malt(Non-Caramelized malt) : 당화 작용 없이 가마와 같은 화로에서 구워진 맥아를 말한다. 따라서 캐러멜화 작용이 없어 Non-caramelized malt라고도 불린다. 열에 의해 직접적으로 맥아에 색이 더해지며, 온도에 따라 짙기가 정해진다. 밝은 비엔나 맥아Vienna Malt부터 어두운 맥아Dark Malt까지 다양한 종류가 있다. 밝은 색은 비스킷부터 조금 짙어질수록 빵, 프레첼과도 같은 노릇한 맛을 내고, 색이 아주 어두워지면 커피나 다크 초콜릿과도 같은 맛을 선사한다.

❸ **부가 곡물** Adjunct Grains(Unmalted) : 부가 곡물이라 함은 당화되지 않은 곡물들을 일컫는데, 당화된 주 맥아를 보충해주는 역할을 한다. 옥수수, 쌀, 호밀, 귀리 그리고 당화되지 않은 보리와 밀들을 말한다. 주로 대량생산을 하는 대형 양조장에서 제조 원가 절감을 위해 사용하기 때문에 소규모 크래프트 양조가들이나 자가양조를 하는 사람들은 부가 곡물을 사용하는데 있어 대체로 부정적인 시각을 가지고 있는 편이다. 하지만 적절한 부가 곡물의 이용은 맥주의 질감과 거품 지속력, 투명한 정도에 영향을 주어, 최근에는 많은 양조가들이 다양한 특성을 갖는 맥주를 만들기 위해 일부 부가 곡물들을 원하는 목적에 맞게 빈번히 사용하는 추세이다.

• **옥수수** Corn : 맥주에 있어 옥수수의 사용은 부드러운 질감과 다소 가벼운 단맛을 선사한다. 대개 맥주를 가볍게 만들기 위해 사용하며, 맑고 안정된 풍미를 가져다 준다. 옥수수는 쌀과 더불어 가벼운 미국식 라거를 만드는데 가장 많이 쓰이는 원료이다. 보리보다 가격이 저렴하기 때문에 대량생산을 하는 대형 양조장에서 원가 절감을 위해 가장 흔하게 사용하는 원료 중 하나이다.

• **쌀** Rice : 맥주의 원료로 쌀은 맥주의 맛에 거의 영향을 미치지 않는다. 아주 약간의 단맛을 부가하는 편이다. 미국에서 가장 많이 팔리는 맥주 중 하나인 버드와이저^{Budweiser}가 쌀을 많이 사용하는 것으로 유명하다. 부가 곡물들 중 전분 함량이 가장 높다. 옥수수와 마찬가지로 쌀 또한 맥주의 풍미와 질감을 가볍고 경쾌하게 만든다.

• **귀리** Oat : 전분의 함량이 매우 적어 다른 맥아들과 함께 쓰인다. 하지만 묵직하고 매우 부드러운 질감을 선사해 스타우트와 같은 흑맥주에 즐겨 사용된다.

• **호밀** Rye : 귀리와 마찬가지로 주요한 맥아로 사용되기 보다는 보리와 같은 다른 맥아와 함께 사용된다. 호밀은 거친 질감과 풍성한 거품을 형성하며 청량감을 선사한다. 또한 약간의 향신료와도 같은 느낌을 자아낸다.

• **밀** Wheat : 맥아화 되지 않은 밀은 맥주의 질감을 매우 묵직하게 만든다. 조밀하고 풍성한 거품층을 형성하며, 거품 지속력도 굉장히 길게 만들어준다. 또한 맥주를 매우 뿌옇고 탁하게 하지만 입안에서의 느낌은 굉장히 부드럽게 만들어준다. 전통적으로 독일식 헤페바이젠German Hefeweizen이나 벨기에 스타일의 윗 비어Wit bier를 만드는데 많이 사용된다.

Cereals

Wheat   Barley   Rye   Rice   Maize   Oats

이미지 출처 : Cereals, Kidspress magazine

효모 Yeast

효모는 곰팡이계$^{Fungus\ Kingdom}$에 속하는 단세포 미생물이다. 곰팡이계의 1%를 차지하는 효모는 약 1500종이나 분류가 되어있는데 그중에서도 사카로마이세스 세레비지애$^{Saccharomyces\ cerevisiae}$라고 불리는 효모가 맥주나 와인, 빵 등을 발효시키는데 이용된다. 그래서 이 어려운 이름의 효모를 간단히 맥주(양조용) 효모$^{Brewer's\ Yeast}$ 혹은 빵 효모$^{Baker's\ Yeast}$라고 부른다.

맥주를 만드는데 있어서 효모는 탄수화물을 함유하고 있는 맥아가 알코올로 변환될 수 있도록 발효시키는 역할을 한다. 조금 더 구체적으로 설명하자면, 단일 곡물 혹은 다양한 곡물로 이루어진 맥아를 60~70℃ 정도의 더운물에 불려 맥아즙으로 만들면 곡물에 함유되어 있던 녹말과 같은 탄수화물^{Carbohydrate}이 당화되어 포도당^{Glucose} 이라는 당분을 만들어내는데, 이때 당분이 효모를 만나면 에탄올^{Ethanol} 이라고 부르는 알코올과 이산화탄소를 생성해낸다.

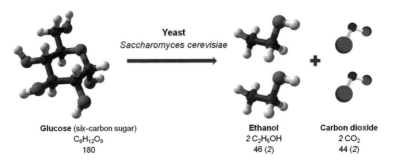

Yeast
Saccharomyces cerevisiae

+

Glucose (six-carbon sugar)
$C_6H_{12}O_6$
180

Ethanol
$2\ C_2H_5OH$
46 (2)

Carbon dioxide
$2\ CO_2$
44 (2)

Fermentation Process by Yeast
이미지 출처 : Bioenergy Research Group, "How Biofuels are Produced?", University of Hawaii

이처럼 알코올은 미세한 생명체에 의해 만들어지는데, 이 때문에 혹자들은 맥주는 사람이 만드는 것이 아니라 효모가 만든다고 말한다. 눈에 보이지 않는 효모의 존재가 세상에 알려지기 전까지는 신이 만든다고도 하였다. 맥주를 만드는데 있어 그만큼 효모의 역할이 중요한데, 그들의 생화학적 활동에 따라 맥주의 품질이 크게 좌우되기 때문이다. 박테리아나 장비에 의한 오염, 너무 높거나 낮은 온도, 산화 등에 의한 영향은 효모로 하여금 원치 않는 결과물을 만들게 한다. 그렇기 때문에 인간이 할 수 있는 일은 그저 주변 환경을 청결히 하고 위생 관리와 온도 관리에 주력함으로써 효모가 발효를 잘할 수 있도록 최적의 환경을 조성하는 것 밖에 없다.

맥주에 사용되는 효모는 활동하는 온도에 따라 크게 2가지 타입으로 나뉜다.

• **상면 발효 효모** Top-Fermenting Yeast : 에일 효모$^{Ale\ Yeast}$라고도 불리는 상면 발효 효모는 약 10~25℃ 사이의 온도에서 최적으로 활동하는 것으로 알려져 있다. 발효를 하는 동안 효모들이 맥즙의 상층으로 떠오르기 때문에 상면 발효 효모라고 부른다. 매우 두껍고 풍성한 효모층을 형성하게 된다. 상면 발효 효모에 의해 생성된 맥주는 대체로 에스테르^{Ester}의 함량이 많아 바나나, 사과, 배와 같은 가벼운 과일향을 낸다. 또한 페룰산$^{Perulic\ Acid}$을 만나면 정향^{Clove}과 같은 향을 내는 페놀^{Phenol}을 함유하기도 한다. 상면 발효하는 효모의 학명은 사카로마이세스 세레비지애$^{Saccharomyces\ cerevisiae}$이다.

• **하면 발효 효모** Bottom-Fermenting Yeast : 라거 효모$^{Lager\ Yeast}$로 불리기도 하는 하면 발효 효모는 약 7~15℃ 사이에서 주로 활동하는 것으로

알려져 있다. 상면 발효 효모에 비해 발효 속도가 상대적으로 더디고, 맥즙의 표면에 생성되는 거품은 적은 편이다. 즉, 효모는 발효조의 바닥에 가라앉으며 이 때문에 하면 발효 효모라고 불린다. 하면 발효 효모에 의해 만들어진 맥주는 대체로 청량감 있고 은은하며 굉장히 가볍고 상쾌한 편이다. 하면 발효하는 효모의 학명은 사카로마이세스 파스토리아누스^{Saccharomyces pastorianus}이다. 1870년, 막스 리스^{Max Reess}라고 하는 독일의 식물학자가 프랑스의 유명 미생물학자인 루이 파스퇴르^{Louis Pasteur}에게 경의를 표하며 붙인 이름이다.

라거 효모는 전세계적으로 유명한 대기업 맥주 회사, 칼스버그^{Carlsberg}의 이름을 가진 사카로마이세스 칼스버겐시스^{Saccharomyces carlsbergensis}라고 불리기도 하는데, 이는 1883년, 칼스버그에서 일하던 덴마크 국적의 균류학자 에밀 크리스챤 한센^{Emil Christian Hansen}의 연구 결과에 의해 붙은 이름이다. 1900년대 초반의 과학 문헌에도 종종 사용되곤 했으나 해당 이름은 정식 학명은 아니고, 해당 효모종은 사카로마이세스 파스토리아누스 범주에 포함되고 있다.[1]

이 밖에도, 맥아즙이 공기 중에 노출되어 자연적으로 발효가 일어날 때 관찰되는 효모도 있다.

---

1 CBS-KNAW Collections, "CBS 1513", CBS strain database, Westerdijk Institute

• **야생 효모** Wild Yeast : 벨기에의 브뤼셀과 제너 강^{Zenne River} 유역에서 전통 방식으로 만들어지는 람빅^{Lambic}은 자연 발효^{Spontaneous Fermentation}라고 하는 독특한 양조법으로 만들어진다. 정교하게 배양된 효모를 첨가하는 에일이나 라거와 달리, 람빅은 맥아즙이 대기에 노출되어 공기 중에 떠도는 효모 및 박테리아와 만나 매우 색다르면서도 매력적인 풍미를 갖는다. 굉장히 드라이하면서 와인 같기도 하고, 식초 같은 새콤함을 지니고 있다. 자연 발효로 만들어진 맥주에는 약 80종이 넘는 미생물이 존재하는 것으로 알려져 있는데, 그중 대부분은 앞서 소개된 사카로마이세스 종들과 브레타노마이세스 브뤼셀렌시스^{Brettanomyces bruxellensis} 종이며, 신맛을 만들어내는 락토바실러스^{Lactobacillus}와 페디오코커스^{Pediococcus}와 같은 박테리아도 포함되어 있다.

이 중 브레타노마이세스(줄여서 브렛^{Brett})라고 하는 효모가 야생 효모라고 불리는데, 맥주 마니아들이 흔히 말하는 시골 농가의 냄새라든지 젖은 말 안장과 같은 페놀^{Phenol}의 풍미를 지니고 있다. 브렛 또한 1904년, 칼스버그 양조장의 기술자 닐스 옐테 클라우센^{Niels Hjelte Claussen}에 의해 처음 분류되었다. 사실 이때는 오래되어 망가진 영국 에일에서 발견되었기 때문에 영국^(Briton-) 곰팡이^(-myces)라는 뜻으로 붙은 이름이다. 과일 껍질이나 맥주를 보관하던 나무 배럴에서 주로 발견된다.

시큼한 산미를 만들어내는 락토바실러스와 페디오코커스라는 박테리아는 당분을 만나게 되면 이산화탄소가 아닌 젖산^{Lactic Acid}을 생성한다. 이 젖산 때문에 람빅이나 일부 신맛을 내는 맥주들은 여타 맥주들과 다르게 새콤한 맛을 갖게 되는데, 이러한 독특한 캐릭터 때문에 많은 사람들은 맥주가 오염된 것으로 인식해 왔다. 하지만 자연 발효를 통해 생성된 야생 효모와 박테리아들에 의해 만들어진 이 아름다운 맥주는 그들만의 정체성을 드러내는 매우 유니크한 특징이라 볼 수 있다.

물 Water

사람이 마시는 음료 중 하나로, 당연하게도 맥주에서 물이 차지하는 비중은 매우 크다. 맥주의 맛과 특징을 구분 짓는 것은 나머지 재료의 조합으로 대부분 결정되므로 물의 중요성을 잊기 쉽지만, 맥주에 적합한 물을 사용하는 것은 '좋은 맥주'를 '훌륭한 맥주'로 만들어 줄 수 있다.

사실 깨끗하고 좋은 물을 사용하는 것이 항상 훌륭한 품질의 맥주를 만들어 주는 것은 아니다. 좋지 못한 물을 사용한 맥주의 품질이 떨어질 것이라는 생각은 쉽게 들지만, 좋은 물을 사용했음에도 불구하고 최상의 맥주를 만들어 내지 못하는 이유는 무엇일까? 이는 사람이 마시는 깨끗하고 맛있는 물과 양조에 사용하기 적합한 물에 차이가 있기 때문이다. 예를 들면 사람이 마시기에 안전한 물을 만들기 위해 국가나 지방자치단체에서는 염소[Chlorine]나 클로라민[Chloramine]을 사용해 물을 소독하는데, 일정량 이상의 염소는 맥주에 화학약품과 같은 맛을 부여할 수 있다. 그렇기 때문에 양조에 사용할 물이 어떠한 성분을 함유하고 있는지 아는 것은 매우 중요하다.

전통적으로 특정 지역에서 특정 맥주 스타일이 탄생하고, 큰 인기를 끄는 데에는 해당 지역의 물이 주요한 역할을 해왔다. 예를 들어 포터나 스타우트 같은 어두운 계열의 맥주로 유명한 런던과 아일랜드 지역은 물에 중탄산염[Bicarbonate, HCO_3]이 많이 함유되어 있었는데, 이는 물이 염기성을 띄도록 만들어 효모가 잘 활동하지 못하게 하였다. 이로 인해 양조가들은 구운 맥아를 사용하여 어두운 계열의 맥주를 주로 많이 만들어 냈는데, 그 당시에는 알지 못했지만 구운 맥아는 염기도를 낮추는 효과가 있는 것으로 알려졌다. 또한 IPA스타일의 선풍적인 인기를 만들어냈던 영국의 중부지역 버튼온트렌트 Burton on Trent에서는 지역 물에 함유된 다량의 황산칼슘Calcium Sulfate, $CaSO_4$ 이 홉의 쓴맛이 우아하게 드러날 수 있도록 큰 역할을 하였다.

이처럼 물에 함유된 미네랄 성분은 맥주 양조에 큰 영향을 미칠 수 있다. 그렇기 때문에 맥주 양조에 사용되는 물이 어떠한 미네랄을 함유하고 있고, 어떠한 성질을 갖는지 아는 것은 매우 중요한데, 이를 나타내는 지표로서 알칼리도Alkalinity와 경도Hardness가 있다.

• **알칼리도** Alkalinity : 알칼리도는 물이 산성이 되지 못하게끔 중화시킬 수 있는 정도를 말한다. 상업적으로는 수산화물$^{(OH^-)}$, 탄산염$^{(CO_3^{2-})}$, 중탄산염$^{(HCO_3^-)}$의 형태로 물에 함유되어 있는 성분을 이에 대응하는 탄산칼슘$^{(CaCO_3)}$ 형태로 환산하여 ppm 혹은 mg/L 단위로 나타낸다.

• **경도** Hardness : 물에 함유되어 있는 칼슘$^{(Ca^{2+})}$이나 마그네슘$^{(Mg^{2+})}$과 같은 2가 이상의 양이온 함량을 나타내며, 마찬가지로 이에 대응하는 탄산칼슘$^{(CaCO_3)}$ 형태로 환산하여 ppm 혹은 mg/L 단위로 나타낸다. 해당 이온 함량이 적으면 연수(軟水)soft water, 많으면 경수(硬水)hard water라고 한다.

경도는 일시 경도Temporary hardness와 영구 경도Permanent hardness로 구분되며 이를 합한 것을 총 경도Total hardness라고 한다.

– **일시 경도** Temporary hardness : 칼슘, 마그네슘과 같은 이온들이 알칼리도를 이루는 탄산염, 중탄산염과 결합하여 존재할 경우, 물을 끓이게 되면 탄산염 성분이 침전되어 물은 연화되는데 이를 일시 경도 혹은 탄산 경도 Carbonate hardness라 한다.

– **영구 경도** Permanent hardness : 칼슘, 마그네슘과 같은 2가 이상의 양이온들이 염화이온$^{(Cl^-)}$, 황산염$^{(SO_4{}^{2-})}$, 질산염$^{(NO_3{}^-)}$ 등과 화합물을 이루고 있으면 물을 끓여도 침전되지 않는데 이러한 경우를 영구 경도 혹은 비탄산 경도$^{Non\text{-}carbonate\ hardness}$라 한다.

이와 같이 알칼리도나 경도 수치로 표현되는 성분들은 맥주 양조에 있어 맛과 풍미에 영향을 줄 수 있다. 그 중에서도 양조를 할 때 신경 써야 할 대표적인 성분 6가지를 살펴보도록 하자.

• **중탄산염** Bicarbonate : 물에 포함된 중탄산염 성분은 양조에서 매우 중요한 역할을 한다. 중탄산염은 수질평가보고서에서 흔히 알칼리도로 표기되곤 하는데, 맥아즙의 pH값을 높이는 역할을 한다. 즉 탄산염이 충분치 않으면 맥주에서 산미가 느껴질 수 있는데, 포터나 스타우트와 같은 어두운 맥아를 사용하는 맥주는 맥아의 로스팅 과정으로 인해 발생할 수 있는 산미를 잡기 위해 200ppm 이상의 중탄산염을 필요로 하곤 한다.

• **칼슘** Calcium : 칼슘은 물의 영구 경도^{Permanent hardness}를 결정하는 주요한 성분 중 하나이다. 칼슘은 양조에 있어 여러 가지 역할을 하는데, 중탄산염과 반대로 pH값을 낮추고, 단백질의 침전을 촉진시켜 오염을 제거하는 데 도움을 주며, 효모를 응집시켜 발효 효율을 높인다. 대개 50~150mg/L 수준이 적당하다.

• **마그네슘** Magnesium : 칼슘과 마찬가지로 물의 영구 경도를 높이며, 함량이 많으면 맥주에 신맛과 쓴맛을 줄 수 있다. 마찬가지로 적당량의 마그네슘은 효모의 발효 효율을 높일 수 있다. 10~30mg/L가 적정 수준이며 대개 맥아에서 충분한 마그네슘이 제공되므로 물에 마그네슘을 추가로 넣지는 않는 편이다.

• **황산염** Sulfate : 황산염은 홉의 쓴맛^{Bitterness}를 부각시켜주는데 주요한 역할을 한다. IPA와 같이 홉이 많이 사용되는 스타일에 매우 거칠고 드라이하며 날 센 쓴 맛을 부여할 수 있다. 비터와 같은 대부분의 에일류는 30~70mg/L 정도가 적당하며, 가벼운 라거류는 10~50mg/L 정도의 양이 적당한 것으로 알려져 있다. 1800년대 영국식 IPA의 엄청난 인기를 만들어냈던 영국 중부지방 버튼 온 트렌트 지역의 물은 황산염이 약 600mg/L 이상 함유되어 있다고 알려져 있기도 하다.

• **염화물** Chloride : 물에 함유된 염화 이온은 맥아의 단맛을 강화하여 맥주의 풍미를 충만하게 하고 입 안에서의 질감을 둥글게 만들어 준다. 상수도에서 물을 소독하기 위해 종종 사용되며, 양조장비의 소독제로도 사용될 수

있다. 염화 이온이 과도하게 함유된 물로 맥주를 만들면 화학 약품과 같은 맛을 낼 수 있으므로 적정 수준을 유지하는 것이 좋다. 대개 40~100mg/L 수준에서 사용되는 편이며, 최근 유행하는 뉴잉글랜드 IPA^{New England IPA}에서는 150mg/L까지 사용되기도 한다.

• **나트륨** Sodium : 적정량의 나트륨은 대개 맥아의 풍미를 둥글게 만들어 입 안에서의 질감을 부드럽게 만들어 준다. 대개 10~70mg/L 정도의 함유량이 안전한 편이며, 200mg/L 이상으로 올라가면 바닷물과 같은 짠맛을 선사할 수 있다. 또한 높은 농도의 황산염과 결합된 황산나트륨은 매우 거칠고 쓴맛을 부과할 수 있다.

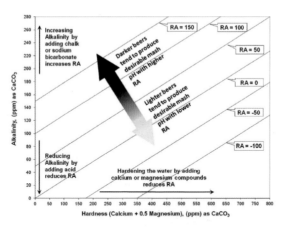

잔여 알칼리도 차트 - 경도와 알칼리도를 결정하는 미네랄이 모두 함유되어 있을 경우, 두 수치간의 상호작용에 의해 최종적으로 맥아즙의 pH에 영향을 미칠 잔여 알칼리도를 보여주는 그래프. 만들고자 하는 맥주의 스타일에 따라 경도를 더 높여 주어야할지 알칼리도를 더 높여 주어야할지 쉽게 계산할 수 있다. RA의 계산식은 아래와 같다.
이미지 출처 : Martin Brungard, "Water Knowledge", Feb. 20th 2018, Bru'n Water

$$RA(ppm) = Alkalinity\ (ppm) - \left[\frac{Calcium\ (ppm)}{3.5} + \frac{Magnesium(ppm)}{7} \right]$$

홉 Hop

맥주의 재료로 사용되는 홉은 학명 휴뮬러스 루풀러스^{Humulus lupulus}라고 부르는 식물의 암꽃을 말한다. 휴뮬러스 루풀러스 식물 자체도 홉이라고 부르긴 하지만, 맥주에서 말하는 홉은 대개 그 식물의 원뿔 모양 암꽃을 일컫는다. 홉 식물은 덩굴성 식물이며, 암꽃과 수꽃이 서로 다른 식물에서 각기 자라나는 자웅이주(雌雄異株)^{dioecious} 식물이다. 그렇기 때문에 맥주 양조를 위한 홉 재배는 암컷 식물만 재배하며, 간혹 암수가 한 식물에서 같이 자라나는 경우에는 암꽃이 수분(受粉)^{pollinated} 되기 전에 수꽃을 추려낸다. 맥주 양조에 있어 암꽃이 선호되는 이유는 암꽃이 수꽃보다 크기가 훨씬 크기 때문에 홉 수지^{hop resin}가 150배나 더 함유되어 있으며, 맥주 애호가들이 선호하는 아로마 오일 또한 수꽃보다 함량이 훨씬 많다. [2]

좌 : Humulus Lupulus Female Plant / 우 : Humulus Lupulus Male Plant
이미지 출처 : ① Hagen Graebner, Feb. 15th 2006, Wikicommons
② Rasbak, Aug. 3rd 2005, Wikicommons

2 Victoria Carollo Blake, "hops", The Oxford Companion to Beer, edited by Garrett Oliver, Oxford University Press, Oct 2011, ISBN : 978-0-19-536713-3

홉은 맥주에서 여러 가지 일을 하지만 그중에서도 가장 주요한 역할은 맥주에 쓴맛을 부여하고 항균작용을 하며, 다양한 풍미를 선사하는 것이다. 각 역할을 수행하는 홉의 성분들은 아래와 같다.

• **알파 산** Alpha acid : 휴뮬론^{Humulone} 이라고 하는 알파 산은 홉의 수지에 함유되어 있는 성분이다. 이것은 끓임 과정에 의해 이성질화^{isomerized} 되면 맥아즙에 녹아 들어, 맥아의 단맛을 가진 맥주에 쓴맛을 부여한다. 또한 맥주의 산화를 방지하고, 원치 않는 박테리아가 증식하지 못하도록 항균작용을 한다. 다양한 홉의 종류 중, 알파 산이 많이 함유된 홉은 맥아즙을 끓이는 과정 중에 투입되어 쓴맛을 극대화 시킨다.

• **베타 산** Beta acid : 루풀론^{Lupulone}이라고도 하는 베타 산은 끓는 과정을 거쳐도 거의 이성질화 되지 않는다. 따라서 잘 녹지 않아 맥주의 맛에 미치는 영향은 없는 편이지만, 시간이 지남에 따라 산화가 되면 이 또한 맥주에 쓴맛을 부여한다. 맥주가 바로 소비되지 않고 저장되는 시간이 길어지면서 산화가 일어나게 되면, 알파 산은 쓴맛이 줄어드는 반면 베타 산이 산화에 의해 쓴맛을 드러내므로 어느 정도 상호 보완되는 역할을 하기도 한다. 다만 베타 산에 의한 쓴맛은 굉장히 거칠고 그다지 선호되지 않는 맛이라고 알려져 있어 되도록이면 맥주를 신선하게 즐기는 편이 더 낫다.

• 홉 오일 Essential Oil : 식물성 기름이라는 의미의 에센셜 오일은 맥주에 다채로운 향과 맛을 선사하는 매우 중요한 역할을 한다. 특정 홉에 어떤 오일 성분이 함유되어 있느냐에 따라 맥주에 부여하는 향과 맛은 매우 다양해질 수 있다. 홉 오일은 휘발성으로써 맥아즙이 끓는 중에 투여되면 대부분 손실될 가능성이 크다. 따라서 홉이 가진 화사한 향과 맛을 최대한으로 살리기 위해서는 맥아즙을 끓이는 과정이 거의 끝나갈 때쯤, 혹은 완전히 끝난 후 투여하는 편이다.

아래는 홉 오일의 성분에 따라 맥주에 기여하는 향과 맛에 대한 특징을 보여준다. 각각의 이름까지 자세히 알 필요는 없지만 홉의 종류에 따라 가질 수 있는 특징에 대해 참고하면 좋을 듯 하다.

－ 미르센 Myrcene : 많은 종의 홉에서 발견되고, 전체 홉 오일 중 50% 혹은 그 이상의 비중을 차지하는 오일이다. 꽃 향기floral와 감귤류citrus의 향을 부여한다.

－ 휴뮬린 Humulene : 두 번째로 흔한 오일이지만, 어떤 종에서는 미르센보다 많은 함량을 갖고 있기도 하다. 나무 향woody과 향신료spicy, 허브 향herbal을 부여한다. 유러피안 홉European hops과 노블 홉noble hops종에서 휴뮬린을 많이 함유하고 있는 편이다.

－ 카리오필렌 Caryophyllene : 대개 미르센이나 휴뮬린보다 함량이 적은 편이다. 독특한 나무 향과 흙내음earthy, 후추peppery와 같은 향을 부여한다.

– **파르네센** Farnesene : 파르네센은 대개 홉의 오일 중 1%도 채 안 되는 비중을 갖는다. 하지만 양이 적다고 해서 다른 오일보다 영향이 적은 것은 아니다. 파르네센은 나무 내음, 허브 향을 부여하며, 약간의 감귤류와 꽃 내음도 동반되는 편이다.[3]

이미지 출처 : Jack Muldowney, "Beer & Branding : Rogue Ales' Hop Family", Jan 4th 2016, The Hop Review

---

3 Adapted from – David Ackley, "What are hop oils? Explained!", Feb. 3rd 2017, ECKraus

CONTENTS

글을 시작하며 …

맥주의 4대 재료 (Hop, Malt, Yeast, Water)

영국의 펍 Pub문화와 영국 맥주들…

영국 최고의 명문 옥스퍼드 Oxford와 케임브리지 Cambridge…

중세 시대로의 시간 여행, 스코틀랜드 Scotland…

**검은 맥주 포터 Porter와 스타우트 Stout,
그리고 아일랜드 Ireland…**

영국의 맥주 축제들,
그리고 CAMRA와 크래프트 비어 Craft Beer…

영국의 펍 Pub문화와 영국 맥주들

- 퓰러스 양조장 Fuller's Brewery과 런던의 자존심 London Pride
- 메이저 브랜드에서 운영하는 체인 펍들
- 기타 추천할 만한 런던의 오래된 펍들
- 수퍼마켓에서 접할 수 있는 영국 맥주들
  ** 잉글랜드 전통 에일 대표 브랜드 (English Classic Ales)
  ** 맥주 스타일 소개 Beer Style Guide 1
    Bitter / Best Bitter / ESB

영국 사회에서 커뮤니티의 중심이 되는 곳, 펍^{Pub}은 퍼블릭 하우스 Public House의 줄임 말로서 모든 대중들에게 열려있는 공간이다. 영국 해군 행정관이자 상원의원이던 사무엘 피프스$^{Samuel\ Pepys\ (1633\sim1703)}$가 남긴 일기에서 '펍은 영국의 심장이다' 라고 표현할 만큼 영국사람들에게 펍이 갖는 의미는 각별하다고 할 수 있다. 이곳은 합법적으로 알코올 음료를 팔 수 있는 공간인데, 대개 맥주와 음식들을 즐길 수 있는 곳을 말한다.

퇴근시간 즈음 회사가 밀집해 있는 런던 번화가의 펍을 가보면, 말끔한 정장을 차려 입고 시끌벅적 대화를 나누는 비즈니스맨들을 어렵지 않게 볼 수 있다. 발 디딜 틈도 없이 많은 사람들이 들어 차, 테이블을 구하기는 일찌감치 포기하고 모두들 서서 맥주 한 잔을 즐긴다. 바^{Bar}에 기대어 서서 이야기를 나누기도 하고, 아예 펍 밖으로 나와 길거리에서도 자연스럽게 대화를 하는 모습은 우리가 쉽게 상상할 수 있는 영국의 흔한 모습이기도 하다. 이처럼 펍은 예부터 사람들이 모여들어 정보를 교환하거나 담소를 나누는 역할을 해왔다.

영국사람들이 서서 맥주를 즐기는 것은 어쩌면 그들의 오랜 문화일지도 모른다. 과거 로마시대로 거슬러 올라가보면 여인숙^{tavern}에서 숙박과 음식, 술 등을 제공하였는데, 이는 유럽대륙 전역을 거쳐 영국에까지 영향을 미쳤다. 음식과 술을 즐기는 공간은 테이블이나 의자가 많지 않아 사람들은 서로 자연스레 대화를 섞기 쉬웠고, 18세기 말쯤 살룬^{Saloon} 혹은 라운지^{Lounge}라고 불리는 특별한 공간이 생기기 전까지 대부분의 사람들은 서서 맥주를 즐겨왔다. 그리고 20세기 중반, 이 특별한 공간의 경계가 없어지기까지 많은 영국인들은 서서 맥주를 마시는 문화에 익숙해져 있었음에 틀림없다.

18세기 말쯤의 영국식 펍은 그 이전의 펍 그리고 오늘날의 펍과는 구조가

Tavern Scene – David Teniers 1685

사뭇 달랐다. 누구나 (그 당시엔 남성만) 들어갈 수 있는 메인 공간인 퍼블릭 바Public Bar 그리고 살룬 혹은 라운지라고 부르는 특별 공간, 스너그Snug 또는 흡연실Smoking Room로도 부르던 작은 공간으로 구성되어 있었다.

퍼블릭 바는 누구에게나 열려있는 대중적인 공간이었는데, 주로 노동자들이 모이는 곳이었다. 테이블이나 의자는 많지 않고, 바닥엔 톱밥 따위가 깔려 있기도 하였다. 사람들이 침을 뱉거나 술을 흘렸기 때문에 이를 흡수하기 위함이었다. 맥주는 주로 질 낮은 저렴한 맥주가 제공되는 편이었다.

이와 대조적으로 **살룬**은 조금 특별한 공간이었는데, 맥주를 마시며 즐길 수 있는 오락거리가 마련된 공간이었다. 대개 입장료를 내고 들어갈 수 있거나 조금 더 가격이 나가는 맥주가 제공되고, 테이블이 제법 설치되어 맥주는 테이블로 직접 가져다 주는 편이었다. 춤을 추거나 노래를 부를 수 있었으며, 연극 공연이 펼쳐지기도 하였다.

스너그는 매우 사적인 작은 공간이었는데, 바깥에서 안이 보이지 않아 누가 있는지 알 수 없었다. 꼭 돈이 많은 사람뿐 아니라 외부에 신분이 노출되길 꺼려하는 사람들, 특히나 그 시절엔 여성들이 펍에 드나드는 것이 터부시 여겨질 때라 여성들도 종종 이곳을 이용했던 것으로 알려진다.

사회적 계층에 따라 이렇게 공간의 구분이 생겼던 펍은 사회의 분위기가 바뀌고 계층간 구분이 모호해지면서 자연스레 공간의 구분도 사라지게된다. 20세기 중반, 살룬을 없애고 메인 공간이던 퍼블릭 바를 확장하며 이곳 또한 쾌적한 공간으로 거듭난다. 누구나 편안하게 테이블에 앉아 식사와 음료를 즐길 수 있는 현대 펍의 모습으로 점차 변모해왔는데, 오랜 세월 동안 유지되던 사람들의 습관은 좀처럼 바뀌지 않는 것일까? 복작복작한 펍에서 한 손엔 맥주를 들고 다른 한 팔은 바에 기대어 서서 여유를 즐기는 영국인의 모습이 어쩐지 낯설지가 않다.

지금은 오래된 펍에서나 공간 구분에 대한 흔적을 찾아볼 수가 있는데, 현재 문은 달려있지 않지만 메인 홀 이외에 또 다른 공간에 바가 따로 설치되어 있다면, 과거엔 여유 있는 사람들만이 들어올 수 있는 공간이었을 것이다. 이를 상상하며 맥주를 음미하는 것 또한 색다른 재미이다.

영국 펍의 또 한 가지 특이할 만한 점은, 대부분의 펍들이 가게 바깥에 형형색색 아름다운 꽃바구니들을 잔뜩 달아두고 그 가게만의 정체성을 드러낼 만한 문양을 내걸어 둔다는 것이다. 가게 이름을 영문으로 써두기만 하는 것이 아니라 각종 동물이나 사람 얼굴 등의 그림이 그려진 간판을 흔히 걸어두곤 하는데, 이는 마을에서 누구나 이 가게가 맥주를 판매하는 곳이란 걸 알게 하기 위함이라고 한다.

1393년 영국의 리차드 2세^{King Richard II (1377~1399)}는 숙박과 음식, 술을 제공하는 가게들은 반드시 간판을 설치하도록 명하는데, 일반 가정집과 펍의 구분이 쉽게 되도록 하기 위함이었을 것으로 보인다. 그리하여 세관원이나 맥주 품질을 감별하는 사람이 쉽게 가게를 인식할 수 있게 하였다. 이는 또한 일반 사람들에게도 도움이 되었는데, 중세시대에는 인구의 상당수가 문맹이었으므로 문자보다는 그림으로 간판을 내걺으로써 사람들에게 펍을 알릴 수 있었다.

런던 퓰러스 양조장에 붙어있는 The Mawson Arms 펍.
예쁜 꽃바구니들과 그림간판을 볼 수 있다.

Ye Olde fighting Cocks pubs_ 이미지 출처 : pinterest

　영국 전역에는 52,750개에 달하는 펍이 있으며[1], 런던만 해도 무려 7,000 군데가 넘는 펍이 존재한다[2]. 많은 펍들이 서로 자신들이 가장 오래되었다고 주장하기도 하지만, 영국에서 가장 오래된 펍의 공식적인 기록은 하트퍼드 셔Hertfordshire, 세인트올번스St Albans라는 곳에 있는 '올드 파이팅 콕스Ye Olde Fighting Cocks'가 8세기에 지어진 건물에 11세기쯤부터 운영되어 왔다고 기네스에 등재되어 있다. 이렇게 오랜 역사와 함께 펍과 맥주는 영국인들 삶의 일부이자, 그들의 애환이 담긴 곳이라 할 수 있겠다. 런던 여행 중 아름다운 꽃바구니가 가득한 어느 펍을 방문해도 훌륭하지만, 본인이 방문하였던 펍을 비롯하여 몇 군데 훌륭한 펍들을 소개하고자 한다.

1 Rebecca Smithers, Number of pubs in UK falls to lowest level for a decade, Feb 4th, 2016 The Guardian

2 Troy, The best pub walking tour of pubs in London for the 2012 Olympics, Jun 19th, 2012, The London pub crawl co.

퓰러스 양조장 *Fuller's Brewery*과
런던의 자존심 *London Pride*

사실 퓰러스^{Fuller's}는 펍이라기 보다 맥주를 만드는 양조장의 이름인데, 이곳에서 운영하는 퓰러스 이름을 내건 펍들이 영국 전역에 상당히 많이 있다. 양조장은 런던 중심부에서 서쪽^{West London}의 치즈윅^{Chiswick}이라는 지역에 템즈^{Thames} 강을 끼고 위치해 있는데, 1816년 존 퓰러스 그리핀 양조장^{John Fuller's Griffin Brewery}이라는 이름으로 시작하여, 1845년 헨리 스미스^{Henry Smith}와 존 터너^{John Turner}가 함께하며 퓰러, 스미스 그리고 터너^{Fuller, Smith & Turner} 라는 정식 이름을 갖게 되었다.

이 브랜드를 가장 처음 소개하는 이유는 바로 런던사람들이 사랑하는 런던의 대표 맥주, 런던 프라이드^{London Pride}를 만드는 곳이기 때문이다. 이름에서 느껴지듯이 런던사람들의 맥주에 대한 자부심은 무척이나 대단하다. 영국에서 많은 음식점, 펍을 다니다 보면 종종 이 런던 프라이드를 비롯한 많은 영국 맥주들이 에일^{Ale}이라는 이름으로 메뉴판에 쓰여 있는 경우가 있는데, 에일이라는 단어에 익숙하지 않은 한국사람들이라면 이것이 맥주인지 잘 모르고 종종 지나치기도 한다.

맥주는 발효에 쓰이는 효모의 종류에 따라 상면발효^{Top fermentation}를 하는 에일, 하면발효^{Bottom fermentation}를 하는 라거^{Lager}로 크게 나눌 수 있다. 영국에서는 라거 스타일, 그중에서도 흔히 대기업에 의해 대량생산 되는 가벼운 라이트/페일 라거^{Light / Pale Lager} 스타일을 주로 맥주^{Beer}란에 표시하고, 보다 영국 전통방식으로 여겨지는 에일 스타일을 메뉴판의 에일란에 따로 표기를 하는 편이다. 영국에서 생산되는 개성 넘치고 다양한 맛을 가진 맥주를 즐기고 싶다면 펍을 방문했을 때 메뉴판에 에일 코너가 따로 없는지 한번 확인해보는 것이 좋다.

풀러스의 대표 맥주에는 가장 흔하게 접할 수 있는 런던 프라이드 외에도 골든 프라이드^{Golden Pride}, 런던 포터^{London Porter}, 이에스비^{ESB} 등 영국 맥주만의 특징을 맛볼 수 있는 훌륭한 라인업들이 있다. 뿐만 아니라, 봄에는 오가닉 허니듀^{Organic Honey Dew}, 여름에는 썸머 에일^{Summer Ale}, 가을에는 레드폭스^{Red Fox}와 겨울 맥주 올드 윈터에일^{Old Winter Ale}, 잭 프로스트^{Jack Frost} 등 다양한 시즈널 맥주들도 출시하고, 과거 훌륭한 양조가들의 오래된 레시피

를 복원하여 만드는 패스트 마스터즈^{Past Masters} 시리즈, 오래 묵힐수록 그 진가가 발휘되는 빈티지 에일^{Vintage Ale}, 위스키나 브랜디 같은 증류주 배럴에 맥주를 담가 장기 숙성시킨 브루어스 리저브^{Brewer's Reserve} 시리즈와 같은 프리미엄급 맥주들도 1년 혹은 몇 년에 한 번씩 출시를 하곤 한다. 이렇게 오래된 전통 있는 양조장임에도 불구하고, 지속적으로 새로운 맥주들을 시도하고 출시하는 등 요즘 유행하는 소규모 크래프트 양조장에 비해 전혀 뒤처진다는 느낌을 받을 수 없는 곳이다.

짧은 영국 여행 기간 중 퓰러스 양조장에 함께 위치한 모슨 암즈^{Mawson Arms} 펍과 바틀샵에 이틀이나 연달아 방문하게 되었는데, 그만큼 퓰러스가 영국과 런던을 대표할 만한 상징적인 양조장이기도 하지만 사실 운이 없게도 첫 방문 시, 양조장과 바틀샵이 일찍 문을 닫는다는 안내문을 도착하고 나서야 발견할 수 있었다. 런던 중심부에서 메트로 열차를 타고 약 한 시간 가까이를 달려야 올 수 있는 이곳을 하는 수 없이 다른 날 또 다시 방문하기도 하였다.

Google 검색을 통해 시간 체크를 하였지만, 이날만큼은 사전 공지 없이 시간이 단축되었었다.

이렇게 어렵사리 방문하게 된 퓰러스 바틀샵과 펍. 두 번씩이나 재방문하여 힘들게 도착한 이곳은 런던 중심부에서 약간 떨어진 동네답게 사람도 많지 않고 한적한 느낌이었다. 사실 스탬포드 브룩역^{Stamford Brook}에서 내려 퓰러스 양조장까지 걸어오는 길에서 느껴지는 이 동네는 조용하고 말끔히 정돈된 부촌 같았다. 템즈 강을 따라 조깅도 하고 개를 데려 나와 같이 산책을 하기도 하며, 저녁시간이 다 되어 가족들과 함께 맛난 식사를 준비하는 그런 여유 있는 모습이 런던 중산층 사람들의 모습이 아닐까 하는 생각을 하였다.

　모슨 암즈 펍 안으로 들어서니, 북적거리던 런던 시내의 펍들과 달리 굉장히 한산한 분위기를 느낄 수 있었다. 서너 테이블에만 손님들이 앉아있었는데, 아마도 이 근처에 사는 사람들이리라. 연세가 지긋하신 할아버지 한 분이 홀로 조용히 맥주를 즐기며 옆에 앉은 젊은 친구와도 거리낌 없이 대화를 나누고 있었고, 싹싹한 인상으로 맞이해주는 그런 친절한 미소는 아니었지만 무뚝뚝하면서도 혼자 방문한 이방인인 나를 반갑게 맞이해주는 점원도 두 명이나 있었다.

  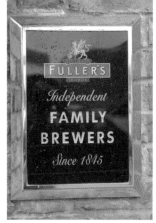

늦은 오후시간에 도착해서 상당히 배가 고팠던 나는, 자리를 잡자마자 음식메뉴부터 주문하기로 하였다.

"나 상당히 배가 고픈데 이거 하나 먼저 주문할게"

라고 하자 들려오는 대답,

"You're so lucky. You have the last order!"

(우리 주방 문 닫을 시간인데, 운 좋게도 네 음식이 마지막 주문이야!)

펍에 방문한 시간도 하필이면 주방이 마감될 즈음이었는데, 그나마 이번엔 운이 좋게도 식사는 할 수 있어 다행이었다. 밖은 아직 해도 안 졌는데 술집이 벌써 문 닫을 시간이라니, 역시 유럽은 유럽이다.

대개 식사를 하고 나서 간단한 안주와 함께 2차로 맥주를 즐기는 우리나라와는 달리, 식사를 하며 맥주 한잔 곁들이는 영국에서는 펍에서도 한 끼 식사가 충분히 가능한 음식들을 제공하는 편이다. 퓰러스에서 지정한 펍들 또한 그 명성에 걸맞게 음식 수준도 괜찮은 편이어서, 미처 식사할 곳을 미리 알아보지 못했다면 이런 프랜차이즈 펍을 방문해도 크게 실망하는 일은 없을 것이다. 이번 영국 여행에서는 대부분의 루트를 맥주 위주로 편성하였음에도 불구하고 식사 해결에 대한 걱정은 크지 않았던 것도 이 때문이었으리라.

　주문한 음식은 애플사이다로 만든 닭 가슴살 로스트^{roast}에 하우스 감자튀김 그리고 계란 프라이. 비주얼은 꽤나 심플해 보였으나 상당히 맛이 있었다. 감자튀김은 케첩이 아닌 소금과 식초를 뿌려서 영국 스타일로 시식을 한다. 솔트 앤 비네가^{Salt and Vinegar} 라고 하는데, 우리나라에서 흔히 접하는 일반 식초와는 달리 영국에서는 맥주나 위스키에 사용되는 보리 맥아를 원료로 발효한 몰트 비네가^{Malt Vinegar}를 주로 내어준다. 식초와 소금을 감자튀김에 뿌려먹으면 시큼 짭짤한 맛이 상당히 구미를 당긴다. 한번 빠져들면 케첩 따위는 생각이 안 날 정도.

　함께 곁들인 맥주는 뱃사람을 의미하는 Seafarers 라는 비터^{Bitter} 스타일의 영국 에일. 잉글리시 에일^{English Ale} 이라고 쓰여진 것이, '영국에 왔다면 나를 한번 맛보는 것이 가장 기본이지' 라고 말하는 것 같았다. 풀러스의 가장 대표적인 맥주인 런던 프라이드를 비롯하여 다양한 탭 리스트가 있었지만 국내에 수입되지 않은 맥주 위주로 맛보고 싶기도 하였고, 운이 좋게도 런던으로 날아오는 영국 항공^{British Airways} 기내 안에서도 생산된 지 얼마 안된 상당히 신선한 런던 프라이드를 이미 두 캔이나 마시고 온 터라 처음 보는 맥주들이 더 궁금하였다.

맥주는 영국의 오랜 전통방식인 캐스크^cask 상태에서 핸드펌프로 서빙이 되었는데, 캐스크 컨디션이라 함은 맥주의 1차적인 발효가 완료된 후, 효모의 필터링 없이 맥주가 만들어진 그대로 캐스크라는 맥주 보관통에 보관했다가, 손님들에게 서빙할 때 추가적인 탄산 주입 없이 보관했던 맥주 그 자체로만 뽑아내는 방식을 말한다. 현대에는 인위적인 탄산 주입을 통해 맥주를 내어놓기도 하는데, 1971년 캄라^CAMRA (CAMpaign for Real Ale)라는 단체에서 대량생산을 통해 맥주 시장을 점령하는 외산 라거맥주들 속에서 영국 에일만의 전통방식을 지켜내기 위해 캐스크 에일 혹은 리얼 에일 소비를 촉진하는 활동을 벌였고, 그 결과 현재는 많은 영국 전통 펍들이 여전히 캐스크 방식을 고집하고 있는 상태이다. 또한 맥주를 뽑아내는 방식도 현대에 사용하는 꼭지만 틀면 맥주가 쭉 나오는 압력 방식과 달리, 영국 전통방식 그대로 손잡이를 여러 번 펌프질 하여 맥주를 따르는데, 여행하는 내내 자주 봐 온 광경이지만 이렇게 전통이 잘 보존되고 이어져 나가는 모습은 언제 봐도 매력적이다. 자연 그대로의 상태에서 맥주를 즐기고, 편리함보다는 그들만의 전통방식을

꾸준히 지켜 나가는 모습을 보고 있자니 이런 것이야말로 그들만의 진정한 문화가 아닐까 하는 생각이 들었다.

잠시 감탄을 하고 있는 사이, 아름다운 자태를 뽐내는 맥주 한잔이 눈 앞에 내어졌다. 매력적이게 그을린 구릿빛 피부에 상당히 맑고 투명한 외관, 얇게 살짝 깔린 거품 층이 전형적인 영국 비터 스타일의 에일 맥주의 모습을 하고 있었다. 깊은 향은 아니지만 노릇하게 구운 빵이나 볶은 콩과 같은 가벼운 향이 살며시 코에 전달된다. 비스킷과 같은 가벼운 곡물 크래커 느낌에 살짝 가미된 감귤, 레몬과 같은 맛

이 살짝 드러나며 매우 기분 좋은 맛을 선사한다. 영국 전통 비터 스타일답게 탄산은 많지 않으며, 자연발효를 통해 생성된 가벼운 탄산 그대로이다. 조금 더 깊은 맛의 베스트 비터^{Best Bitter} 스타일인 런던 프라이드에 비하면 풍미가 많이 가벼운 편이긴 하지만, 더운 여름 먼 길을 달려와 목을 축이기에는 아주 그만이었다.

맛있는 식사를 하며 이곳만의 분위기를 느끼고 있는 찰나, 아까 보았던 시크한 표정의 남자 직원이 오더니 자기네들이 먹으려고 만든 음식들인데 조금 맛보겠냐며 권유를 한다. 아무래도 직원들이 먹으려고 만

든 스태프 밀 Staff's meal 같은데 손님들에게도 조금씩 나누어 주려나 보다. 무슨 음식인고 하니, 스카치 에그Scotch Egg와 영국식 파이British Pie라고 한다. 겉으로 보기엔 꽤나 차가워 보이는 인상이었지만 손님들에게 가족처럼 편안한 음식들도 내어주고, 상당히 정겨운 곳이라는 생각이 들었다. 자칫 딱딱해 보일 수 있는 젠틀한 영국인들만의 매력이 아닐까 하는 생각이 들었다.

메이저 브랜드에서 운영하는 체인 펍들

영국은 펍의 역사가 오래된 만큼이나 전통적이고 예스러움이 묻어나는 펍을 쉽게 접할 수 있는데, 어디를 갈지 잘 모르겠다면 위에 언급된 퓰러스나 다음에 소개할 몇몇 메이저 브랜드에서 운영하는 펍들도 무난히 영국의 느낌을 물씬 느낄 수 있으므로 참고해보는 것이 좋다. 펍 바깥에 내걸린 형형색색의 꽃들도 아름다움을 더한다.

퓰러스 양조장 Fuller's Brewery (Fuller, Smith & Turner)

1845년에 설립된 퓰러스 양조장에서 소유하고 있는 펍은 자그마치 400곳에 달한다. 위에서 언급한 모슨 암즈 이외에도 런던을 비롯하여, 잉글랜드의 동남쪽 지역에 대체로 분포하고 있는 퓰러스 펍들은 어느 곳을 가더라도 앤틱하고 고풍스러운 느낌을 느낄 수가 있다.

니콜슨 펍 Nicholson's Pub

앞서 언급한 퓰러스 못지 않게 영국인들의 많은 사랑을 받고 있는 펍이다. 퓰러스보다 조금 늦은 1873년에 니콜슨 형제가 처음 펍을 오픈하였으며, 영국 전역에 약 80군데에 산재해있다. 런던 및 잉글랜드 중부지역 아래로만 위치해 있는 퓰러스와 달리 니콜슨은 스코틀랜드와 웨일즈, 북아일랜드에도 위치하고 있어, 퓰러스보다 수는 적지만 더 다양한 곳에서 접해볼 수 있다. 클래식한 영국 에일들 위주지만 크래프트 맥주나 증류주들을 간혹 취급하기도 한다.

영스 Young's

퓰러스보다 조금 더 앞선 1831년, 찰스 영Charles Young과 앤써니 베인브릿지Anthony Bainbridge는 영국 원즈워스Wandsworth라는 지역의 램 양조장Ram Brewery을 인수하며 양조사업을 시작하였다. 1550년도에 만들어진 램 양조장은 영국에서 현재까지 운영되고 있는 가장 오래된 양조시설로 여겨졌으나, 2006년에 문을 닫고, 영스 양조장의 맥주 생산은 찰스웰스Charles Wells 양조장에서 조인트 벤쳐식으로 새로이 운영하게 된다. 웰스 앤 영Wells & Young's Brewing은 찰스웰스가 60%, 영스 컴퍼니에서 40%의 지분을 갖고 있으며, 이곳에서 운영하는 펍은 퓰러스와 마찬가지로 런던과 잉글랜드 동남쪽 지역에 위치하며, 약 220군데의 펍을 보유하고 있다.

그린킹 Greene King

1799년, 벤자민 그린[Benjamin Greene]에 의해 처음 설립되었다. 영국에서 가장 큰 펍 체인이자 전국에 1,600군데의 펍을 운영 중이며, 레스토랑과 호텔을 합치면 약 3,100군데의 체인을 갖고 있다. 사실 이러한 점 때문에 간혹 그린킹은 소비자들에게 비판을 받기도 하는데, 점점 커지는 규모 때문에 독점이 우려되기도 하고, 오래된 전통 펍을 인수하거나 그들이 그린킹에 가입하여 브랜드를 사용할 때 기존의 간판을 없애고 그린킹만을 내세우게 하여 좋지 않은 시선으로 보는 사람들도 더러 있다. 이를 인식한 탓인지 최근에는 다른 브랜드들처럼 그린킹도 각 펍들의 고유 이름을 유지하면서 그린킹 브랜드도 함께 내걸 수 있도록 하는 추세이기도 하다. 그린킹의 맥주들은 그 규모만큼이나 영국 내, 그리고 전 세계적으로도 많은 양이 소비되며 종류도 다양하다. 애봇 에일[Abbot ale], 그린킹 IPA와 같이 기존의 그린킹 양조장에서 생산되는 것들, 올드 스펙클드 헨[Old Speckled Hen], 벨 헤이븐[Belhaven]과 같이 새롭게 인수되어 그린킹에 의해 유통되는 맥주들, 그리고 스트롱 서포크[Strong Suffolk]나 세인트 에드문즈[St. edmund's]와 같이 시즈널로 생산되는 맥주들이 많이 알려져 있다. 영국을 대표하는 맥주들이니 한번쯤 맛보는 것도 좋다.

마스턴즈 Marston's

영국의 클래식 에일 중 하나인 페디그리[Pedgree]로 대표되는 마스턴즈는 전 세계에서 캐스크에일을 가장 많이 생산하는 곳이다. 그 만큼 영국 내에서의 펍 보유수가 상당히 많다는 뜻이기도 한데 그린킹보다도 조금 더 많은 1700군데의 펍을 가지고 있다. 다만 마스턴즈는 어느 지역의 펍을 인수하거나 그들이 마스턴즈의 간판을 내걸 때, 본래 운영하던 가게의 이름 및 인테리어 등을 그대로 유지하는 것으로 보인다. 그래서인지 마스턴즈의 펍들을 가보면 컨셉이 통일되어있지 않고 펍마다 느낌이 제각각 다르다는 인상이다. 영국의 전통적인 펍 느낌을 갖고 있는 곳도 있지만, 상당히 모던한 느낌의 가게들도 많다. 마스턴즈는 5곳의 양조장을 갖고 있는데, 1834년 처음 설립한 마스턴즈Marston's를 비롯하여, 뱅크스Banks's, 제닝스Jenning's, 링우드Ringwood, 위치우드Wychwood 등을 2000년대 들어 인수함으로써, 다양한 클래식 에일 브랜드를 갖게 되었다. 이들 모두 대중적이고 훌륭한 클래식 에일들이므로 기회가 된다면 한번씩 시도를 해보는 것도 좋을 것이다.

사무엘 스미스 Samuel Smith

국내 맥주 애호가들에게도 인기가 좋은 사무엘 스미스 양조장에서 운영하는 펍 체인이다. 영국 전역에 약 200곳의 펍이 운영되고 있으며, 대부분은 잉글랜드 북부지역에 위치해 있다. 광산업이나 철강산업, 제분산업 등을 하던 시골마을의 작은 펍으로 운영되는 곳이 대부분이나, 런던에도 약 20군데의 펍이 운영되고 있다.

다른 메이저 체인 펍들에 비해 사무엘 스미스의 펍들은 겉으로 모습이 잘 드러나지 않는 것처럼 보인다. 2000년부터 사무엘 스미스는 펍에서 그들의 브랜드를 내걸지 않고 원래 펍의 이름만 사용하도록 하고 있으며, 2004년부터는 펍 내에서 음악을 일절 틀지 않고 TV도 물론 없앰으로써 조용히 대화에 집중할 수 있도록 배려하고 있다.

또한 대부분의 사무엘 스미스 펍들이 한적한 시골에 위치해 있어, 펍 직원들은 손님들 한 사람, 한 사람의 이름을 기억하고 있으며, 앞서 소개된 오래된 펍에서나 볼 수 있는 공간의 구분이 남아있어 메인 홀 이외의 공간에서 조용히 대화를 나누기에도 매우 적합하다.

기타 추천할 만한 런던의 오래된 펍들

런던 내에도 상당히 오래 전부터 현재까지 운영되어 오는 펍들이 많다. 셰익스피어 시절부터 빅토리아 시대까지 몇 세기가 넘도록 영국인들의 사랑을 받아오며 많은 이야기가 담긴 오래된 펍에 들러 영국 에일을 맛보는 것 또한 여행의 색다른 재미일 듯 하다. 아래 소개된 펍 이외에도 오래된 펍은 무수히 많이 있으며, 이에 대한 정보를 얻는 건 어렵지 않으니 런던에서 시간적 여유가 많다면 하나하나 방문해 보는 것도 좋을 듯 하다.

• 올드 체셔 치즈 Ye Olde Cheshire Cheese

올드 체셔 치즈 펍은 1666년 런던 대화재The Great Fire of London 직후 새로 지어졌으며, 1538년부터 그 자리에서 펍이 운영되어 오고 있었다. 화재에 피해를 입지 않은 다른 오래된 펍들도 있지만 올드 체셔 치즈가 유난히 인기 있는 이유는 그만의 독특한 분위기 때문일 것이다. 자연광이 거의 들어오지 않는 탓에 음침한 분위기를 자아내며, 마치 빅토리아 시대 때 역적모의를 하던 사람들 속에서 맥주를 마시고 있는 것만 같은 상상을 불러일으킨다. 찰스 디

이미지 출처 : Alex Landon, 'The Oldest Pubs in London (And Why You Should Drink There)', Sep 29th, 2017, Secret London

킨스^{Charles Dickens (1812~1870)}와 같은 작가들이 애용했던 곳으로도 유명하며, 훌륭한 영국 음식들과 사무엘 스미스 맥주들이 항상 다양하게 준비되어 있어 언제 방문해도 늘 만족스러운 경험을 할 수 있을 것이다.

• 올드 마이터 Ye Olde Mitre

마이터(미트라)는 주교가 종교 의식을 행할 때 쓰는 주교관(主敎冠)을 의미한다. 1546년에 지어진 올드 마이터 펍은 영국의 성직자Bishop 토마스 굿리치Tomas Goodrich (1494~1554)에 의해 지어졌다고 한다. 3개의 작은 공간으로 이루어진 이 펍은 매우 비좁아 건물 밖에 배럴 통을 세워 야외 스탠드석을 따로 마련해 사람들이 모여 맥주를 즐길 수 있게 해두었다. 엘리자베스 1세(1533~1603)가 이곳에 있던 체리나무 주변에서 춤을 췄다는 이야기가 전해지고 있으나, 사실인지는 밝혀지지 않았다고 한다. 이유야 어쨌든 좁다랗고 운치 있는 오래된 골목에서 맥주를 마시다 흥이 오르면 마치 엘리자베스 여왕이 된 것처럼 춤을 추어도 좋다. 아마도 젠틀한 영국 신사들도 흥에 겨워 같이 즐기자고 할지도 모르니 말이다.

이미지 출처 : Alex Landon, 'The Oldest Pubs in London (And Why You Should Drink There)', Sep 29th, 2017, Secret London

이미지 출처 : Alex Landon, 'The Oldest Pubs in London (And Why You Should Drink There)', Sep 29th, 2017, Secret London

• 램 앤 플래그 Lamb & Flag

양과 깃발을 의미하는 램 앤 플래그는 런던 코벤트 가든 근처에 위치해 있어 관광하며 들리기 좋은 위치이다. 1772년부터 현재 위치에서 운영되어 왔으며, 찰스 디킨스Charles Dickens도 자주 들렀던 곳으로 유명하다. (그러고 보면 찰스 디킨스는 그 시대의 웬만한 펍을 다 들락날락한 게 아닌가 싶다)

코벤트 가든은 한때 무법자의 거리였다고 한다. 램 앤 플래그 2층에서는 권투 대회가 열리기도 하였으며, 영국의 유명 시인 존 드라이덴John Dryden

(1631~1700)이 찰스 2세^{Charles II} 왕의 부인을 풍자해 이 거리 근처에서 살해되었다는 안내표지가 이 건물에 붙어있기도 하다. 어쩐지 살벌한 분위기가 감도는 듯도 하지만 지금은 많은 사람들에게 사랑 받는 펍인 만큼 주변을 맴돌다 길을 잃었다면, 좁다란 이 골목에서 잠시 쉬어가도 나쁘지 않을 듯 하다.

• 블랙 프라이어 The Black Friar

수도사를 뜻하는 프라이어의 역사는 이곳에 소개된 다른 펍에 비하면 굉장히 최근에 속하는 1905년도로 거슬러 올라간다. - 그래도 자그마치 100년이 넘었다. - V자 형태의 쐐기모양을 하고 있는 독특한 건물 구조는 1875년 도미니크 수도회의 수도사에 의해 처음 지어졌으며, 이후 1905년에 건축가 퓰러 클락 ^{Herbert Fuller-Clark}과 예술가 헨리 풀^{Henry Poole}에 의해 리모델링 되었다.[1] 그리하여 펍 내부에서는 그 당시 유행하던 아르 누보^{Art Nouveau} 양식의 인테리어를 여전히 감상해볼 수 있는데, 풀^{Poole}의 수도사 조각상이나 스테인드글라스와 같은 종교적 의미가 담긴 작품들을 보고 있자니 이렇게 신성한 곳에서 술을 마셔도 되나 하는 의구심마저 든다. 굉장히 경건한 마음으로 맥주를 한 모금씩 천천히 음미해야 할 것만 같다.

---

1 'Welcome to the Blackfriar in Blackfriars in London', Nicholson's Pubs official website

이미지 출처 : Francesco Lorenzetti, "24 of London's most incredible historic pubs", Jolyon Attwooll, Aug 11, 2017, The Telegraph

이미지 출처 : Mo, "Black Friars Pub", Apr. 9th 2012, Fresh eyes on London

수퍼마켓에서 접할 수 있는 영국 맥주들

런던 시내를 열심히 돌아다니다 보면 목이 말라 겨우 물 한병 사려고 수퍼마켓에 들렀다가 또 맥주 코너를 기웃거리고 있는 자신을 발견할 수 있다. 맥주 양조장이나 유명한 펍, 바틀샵을 일부러 찾아갈 때도 많지만 이따금씩 귀찮을 땐 지나가다 보이는 동네 수퍼 아무데나 들어가도 괜찮은 맥주를 고를 수 있으면 좋겠다 생각할 때도 있다. 근래에는 국내 대형 마트에도 수십, 수백 가지의 맥주들이 다양하게 진열되어 있지만, 맥주의 본 고장 영국은 정말 만만치가 않다. 영국 내에서 생산되는 로컬 맥주만 해도 그 수를 헤아릴 수 없을 정도로 많은 종류가 비치되어 있으니 말이다. 한번은 어느 번화가의 지하철역 근처에 있는 대형마트 테스코에 들렀었고, 또 한번은 머물렀던 게스트하우스 근처의 구멍가게 같은 작은 수퍼에 들러 맥주 코너를 구경하였었다. 둘의 라인업이 어떻게 다른지 비교해보자.

테스코^{Tesco}는 영국의 대형 유통업체이다. 미국의 월마트, 프랑스의 까르푸와 함께 세계 최대의 대형 유통업체 중 하나이다. 한때 홈플러스의 지분 100%가 영국 테스코로 매각되어 국내에서도 테스코라는 이름이 낯설지가 않다. 여행하다 처음 들린 곳은 테스코 메트로 Tesco Metro. 대형마트인 테스코 수퍼스토어Tesco Superstore와 편의점 크기인 테스코 익스프레스 Tesco Express의 중간 정도 크기이며, 도심 내 지하 철역 근처에서 쉽게 찾을 수 있어 여행하다 보면 종종 눈에 띈다.

　맥주의 가짓수가 아주 많은 편은 아니었지만, 그래도 이름난 클래식 에일들이 꽤나 있었다. 앞서 소개된 풀러스의 런던 프라이드도 기본으로 갖추고 있고, 같은 양조장에서 생산된 블랙캡 스타우트Black cab Stout도 매우 훌륭한 흑맥주이다. 우리에게 익숙한 기네스와 그린킹 브랜드에서 보유한 그린킹 IPA와 올드 스펙클드 헨도 보인다. 이외에 진열된 맥주들이 모두 이름난 영국 전통 에일들인데, 무엇을 골라야 할지 망설여진다면 다음에 소개할 잉글랜드, 스코틀랜드, 아일랜드의 전통 에일 대표 브랜드 코너를 참고하면 이름들이 좀 더 익숙해질 것이다.

　숙소에서 멀지 않은 곳에 위치한 조그마한 수퍼에도 의외로 많은 맥주들이 비치되어 있었다. 쇼디치Shoreditch라는 동네가 젊고 시끄러운 느낌의 동네라 그런지 구멍가게만한 작은 수퍼에도 다양한 맥주들이 있었다. 전세계 어딜 가더라도 흔하게 접할 수 있는 인터내셔널 라거들(하이네켄, 스텔라 아르투아, 칭따오, 아사히 등)은 기본으로 갖추고 있고, 미국산 크래프트 맥주들도 간간히 보인다. 그중에서도 역시나 많은 수를 차지하는 건 영국산 맥주들. 특히나 대형 마트와 달리 소규모 생산되는 영국산 크래프트 맥주들이 많이 보이는데, 전세계적으로도 유명해진 브루독Brewdog을 비롯해 커넬Kernel, 쏜 브릿지Thorn Bridge, 프레셔 드롭Pressure Drop 등은 어디에 내놔도 손색없을 정도로 인기를 많이 끌고 있는 맥주들이다. 한참을 둘러보다가 처음 들어본 이름의 레드 처치 브루어리Red Church Brewery의 맥주들을 맛보았는데 예상치 못하게 너무나도 훌륭하여 종류별로 하나씩 다 살걸 그랬나 하는 후회가 들기도 하였다. 영국산 크래프트 맥주들에 대한 내용은 책 뒷부분에서 따로 또 소개할 예정이다.

테스코에서 볼 수 있었던 다양한 영국 전통 에일들

정말 작은 동네 구멍가게임에도 불구하고, 다양한 전통 에일들과 크래프트 맥주까지 찾아볼 수 있었다.

잉글랜드 전통 에일 대표 브랜드
(English Classic Ales)

영국 전 지역 대형 마트나 동네 일반 펍에서도 흔히 접할 수 있는 대중적인 클래식 맥주 브랜드를 일부 소개하고자 한다. 앞서 소개한 대형 양조장 및 체인 펍에서 취급하는 맥주들을 비롯하여 영국의 클래식 에일의 브랜드는 수도 없이 많다. 그중에서도 인지도 있는 몇몇 곳을 추려 한번쯤 맛보아도 좋을 브랜드를 추가로 소개하고자 한다. 참고로 대부분의 영국 클래식 에일들은 병 맥주와 캐스크 맥주의 상태가 다른 경우가 많다. 기회가 된다면 둘을 각각 비교해보며 마셔보는 것도 영국 에일을 즐기는 재미가 될 것이다.

❶   쉐퍼드 님 Shepherd Neame

영국 켄트주^{Kent} 파버샴^{Faversham}에 위치한 쉐퍼드 님은 1698년에 설립되어 가족 경영으로 운영되는 독립 양조장이다. 연간 생산량이 약 3,500만 리터

에 달하며, 영국의 어느 펍, 어느 맥주 행사를 가더라도 쉽게 접할 수 있을 만큼 친숙한 브랜드이다. 켄트 지역 에일^{Kentish Ale}이라고 부르는 스피트파이어^{Spitfire}와 비숍스 핑거^{Bishops Finger} 등이 유명하다.

❷ 애드넘스 Adnams

1872년에 설립된 애드넘스는 런던의 북동쪽에 위치한 서포크주Suffolk 사
우스월드Southwold 지역 양조장이지만, 연간 생산량이 약 14,00만 리터에 달

할 정도로 큰 규모를 자랑한다. 그만
큼 접하기 쉽고 대중적이다. 사우스
월드 비터Southwold Bitter와 브로드사
이드 비터Broadside bitter가 접하기 무
난하다.

❸ 세인트 오스텔 St. Austell

브리튼 섬 최하단 서쪽 끝에 위치한 콘월주Cornwell 세인트 오스텔에 위치
한 이 양조장은 1851년에 세워졌으며 마찬가지로 영국에서 흔하게 접할 수

있는 친근한 브랜드이다. 콘월 지역
페일 에일Cornish Pale ale로 부르는 트
리뷰트Tribute가 유명하며, 영국산 맥
아와 미국산 홉의 조화로 우아한 매
력을 뽐내는 프로퍼 잡Proper Job, 빅
잡Big Job 또한 추천할 만 하다.

④   식스턴 Theakston

영국 중부지역에 위치한 북 요크셔주^{North Yorkshire} 마샴^{Masham}이라는 지역에 위치한 식스턴 양조장은 영국에서 쉐퍼드 님 다음으로 2번째로 큰 가

족 경영 양조장이다. 1827년에 설립되었으며 경영난의 문제로 한차례 다른 양조장에 인수되기도 하였으나, 2004년에 식스턴의 4형제들에 의해 재 인수되며 가족 경영을 이어나가고 있다. 주력 맥주가 비터 스타일인 대부분의 타 양조장들에 비해, 올드 에일 스타일인 올드 페큘리에^{Old Peculier}가 무척이나 유명하다.

⑤   티모시 테일러 Timothy Taylor's

1858년, 티모시 테일러에 의해 설립된 가족 소유의 지역 양조장이다. 영국 중부지역 웨스트 요크셔주^{West Yorkshire} 카일리^{Keighley} 지역에 위치해있다. 비터 스타일의 랜드로드^{Landlord}가 가장 인지도 있으며, 병 맥주보다 캐스크 맥

이미지 출처 : JASON VAN RASSEL, "Award-winning English ale comes to Alberta", Dec. 3rd 2014, CAL-GARY HERALD

주의 평이 더 좋은 편이다. 요크셔 이외의 지역에서는 랜드로드 캐스크 에일을 접하기 어려운 편이었으나, 마돈나가 좋아하는 맥주로 알려지면서 현재는 영국 전역에서 찾아볼 수 있다. 병 맥주는 테스코와 같은 수퍼마켓에서도 쉽게 구할 수 있다.

❻ **제닝스 Jennings**

고요한 호수와 목가적인 풍경을 자랑하는 잉글랜드의 북서쪽, 레이크 디스트릭트^{Lake district} 지역의 로튼^{Lorton}이라는 작은 마을에 설립되었던 양조장이다. 1828년, 제닝스 가문에 의해 설립되었으며, 현재는 근처 코커마우스^{Cockermouth} 라는 작은 도시에 위치해있다. 비터가 오리지널 맥주이나, 컴벌랜드 에일^{Cumberland ale}이 가장 많이 팔리는 맥주이다.

이미지 출처 : Derrick Lin, "Jennings Brewery", Aug. 7th 2014, Packaging of the world

Bitter / Best Bitter / ESB

영국을 대표하는 맥주 스타일 중 하나. 수많은 영국의 상업용 클래식 에일들이 이 비터^{Bitter} 스타일이라, 가장 쉽게 접할 수 있는 맥주 스타일이기도 하다. 비터 스타일은 이름에서 유추하기 쉬운 '쓴맛'이 그렇게 강하지는 않다. 다만 비터라는 이름이 역사적으로 보았을 때, 보다 과거에 만들어지던, 맥아의 특성이 많이 강조되어 단맛이 많이 부각되는 맥주들 - 예를 들면 브라운 에일$^{Brown\ ale}$이나 포터^{Porter}와 같은 어두운 색의 맥주들, 그중에서도 특히 가장 가벼운 마일드 에일$^{Mild\ ale}$_ 에 비하여 맥아의 특성이 상대적으로 덜 하고, 홉의 사용이 시작됨에 따라 쓴맛이 더 부각된다는데 있지만, 현대의 다양한 스타일의 맥주와 비교해본다면 그렇게 많이 쓴 편은 아니다.

맥주를 구성하는 4대 재료 중 하나인 홉이 발견되기 이전에는 각종 허브나 향신료들이 사용되었다. 그러다가 독일에서 처음 발견된 홉은 점점 유럽 전역으로 퍼져나가기 시작했으며, 1400년대~1500년대 경 네덜란드, 벨기에 상인들에 의해 영국에 전해지게 되었는데, 맥주의 품질을 오랫동안 유지해주면서도 쌉쌀한 맛과 향이 사람들을 매료시켜 현재는 홉을 사용하지 않는 맥주는 상상하기 어려울 정도가 되었다. 이렇게 홉을 사용한 맥주들이 점점 대중화되면서 기존의 맥주들보다 쓴맛이 더 두드러져 비터라는 이름이 붙게 된 것이다.

한편, 17세기 이전 영국 전역에서 가장 보편적인 맥주는 어두운 색을 띈 브라운 계열의 맥주와 17세기 즈음 등장한 검은 맥주, 포터와 스타우트였다. 맥주가 이렇게 어두운 색을 띈 이유는 맥주의 또 다른 원료 중 하나인 몰트를 말리기 위해 나무와 짚들을 태워 사용하였기 때문이다. 이렇게 만들어진 몰트는 상당히 어둡고, 스모키한 특성을 갖고 있어, 맥주를 만들면 매우 검고 탁한 색깔을 띄었다. 그러다가 1669년, 코크스^{Cokes} -석탄을 고온에서 가열하여, 황과 같은 불순물을 없앤 연료- 가 처음 발견되어, 코크스를 태워 말린 몰트는 맥주의 색을 보다 밝고 투명하게 만들어 주었다. 하지만 초기에는 코크스의 가격이 비싸 많은 양을 만들 수 없었는데, 산업혁명과 더불어 맥주의 양조 기술도 발전하면서부터 저렴한 가격으로 코크스를 대량생산 할 수 있게 되었다. 이에 따라 보다 밝고 투명한 색상을 가진 페일 에일^{Pale ale}이 대중화될 수 있었던 것이다. 더불어 기존에는 도자기 잔에 맥주를 따라 마셨는데, 유리의 제작도 상업화 되면서 깨끗하고 투명한 유리잔에 맑은 맥주를 따라 마시는 것이 유행이 되었다. 이렇게 홉, 그리고 코크스에 의한 밝은 페일 몰트^{Pale malt}의 발견에 따라 영국에서 가장 대중적으로 쉽게 접할 수 있는 맥주 스타일을 비터 스타일, 혹은 영국식 페일 에일^{British/English Pale Ale}이라고 부른다.

비터 스타일의 가장 큰 특징은 가볍고, 도수가 낮으며 탄산이 적다는 것이다. 이에 따라 음용성이 매우 좋아 여러 잔을 마셔도 크게 부담이 없는 편이다. 몰트 캐릭터- 맥아에 의한 단맛-, 알코올 도수, 재료의 품질에 따라 베스트/스페셜/프리미엄 비터^{Best/Special/Premium Bitter} 그리고 이에스비 ESB라고도 흔히 불리는 스트롱 비터^{Strong Bitter} 스타일도 있다. 엑스트라 스페셜/스트롱 비터의 약자인 ESB(Extra Special/Strong Bitter)는 사실 앞서 소개된 풀러스 양조장만의 고유 상품명이지만, 현재는 많은 양조장에서 사용하기도 해 하나의 맥주 스타일로 여겨지기도 한다. 하지만 엄밀히 따지자면 스트롱 비터라고 부르는 것이 맞다. 일반적인 비터 스타일보다 맥아의 캐릭터가 도 드라져 현대의 크래프트 양조가와 소비자들에게 인기가 높다.

- Bitter (Ordinary/Standard Bitter)

알코올 함량	• 3.2 ~ 3.8 %
대표적인 상업 맥주	• 풀러스 치즈윅 비터 Fuller's Chiswick Bitter • 그린킹 아이피에이 Greene King IPA

- Best / Special / Premium Bitter

알코올 함량	• 3.8 ~ 4.6 %
대표적인 상업 맥주	• 풀러스 런던 프라이드 Fuller's London Pride • 영스 스페셜 Young's Special

- Strong Bitter (ESB)

알코올 함량	• 4.6 ~ 6.2 %
대표적인 상업 맥주	• 풀러스 이에스비 Fuller's ESB • 쉐퍼드 님 비숍스 핑거 Shepherd Neame Bishop's Finger • 바스 프리미엄 에일 Bass Premium Ale

영국 최고의 명문 옥스퍼드 Oxford와
케임브리지 Cambridge

- 코츠월드 Cotswolds와 옥스퍼드 Oxford
  ** 맥주 스타일 소개 Beer Style Guide 2
     British Golden Ale

- 케임브리지 Cambridge
  ** 맥주 스타일 소개 Beer Style Guide 3
     Pale Ale / IPA (India Pale Ale)
  ** 맥주 스타일 소개 Beer Style Guide 4
     Brown Ale

여행을 다니면서 무언가 하나의 테마를 정해서 다닌다는 것은 참 흥미로운 일이다. 남들도 다 가보는 뻔한 관광지를 둘러보는 것 또한 좋아하지만, 나만의 여행 테마를 만들어 어디로 여행할지 정하는 것도 무척이나 즐겁다. 지금과 같이 맥주에 깊이 빠져들기 전에는 대학교 탐방하는 것을 좋아했었다. 아무래도 학생인 입장에서 다른 나라 명문 대학들은 어떤 분위기를 갖고 있을까, 각 캠퍼스마다의 색깔을 느끼고 즐기는 것은 상당히 흥미로운 일이었다. 아름다운 캠퍼스는 훌륭한 건축양식도 갖고 있어 이를 둘러보는 것도 꽤 매력 있다.

대학생 때와는 달리 직장인이 되고 난 후에는 아무래도 휴가 일 수가 한정되어 있다 보니, 알찬 여행 일정을 만들기 위해 가볼 도시를 선정하고, 동선을 짜는데 많은 시간을 할애하였다. 그중에서도 꼭 가보고 싶었던 곳이 옥스퍼드와 케임브리지. 마침 두 지역 모두 런던 시내에서 기차로 한 시간 정도면 도착할 거리에 있어 크게 고민할 필요가 없었다. 그 다음 할 일은 당연히 맥주 마실 곳 찾기. 여행 거점으로 삼은 대도시들, 런던이나 스코틀랜드의 글래스고, 에든버러에 비하면 상당히 작은 대학도시인 이곳에도 생각보다 둘러볼만한 괜찮은 맥주 스팟들이 많이 있었다. 짧은 시간 동안 모든 곳을 다 방문할 수는 없었지만, 나름 열심히 돌아다니며 즐겼던 몇 군데를 소개하고자 한다. 전세계적으로 많은 수재들이 모이는 옥스퍼드와 케임브리지의 유명한 펍들. 생각만 해도 설레지 않는가?

코츠월드 *Cotswolds*와 옥스퍼드 *Oxford*

　케임브리지 여행은 기차표를 끊고 혼자 다녀올 계획을 하였으나, 옥스퍼드는 차량 투어를 신청해서 여행을 하였다. 옥스퍼드 가는 길에 있는 아주 예쁜 마을들인 코츠월드도 들러서 구경해보고 싶었기 때문인데, 이곳은 대중교통을 이용해서 가기엔 무척이나 어려워 소규모 단체투어를 이용하기로 하였다. 맥주와는 크게 상관이 없는 동네이지만 마을이 너무 예뻐서 끌리기도 하였고, 가이드를 통해 대학 탐방을 하며 영국 대학에 대한 자세한 설명을 듣는 것도 나쁘지 않겠다며 스스로 합리화를 하였다. 그래서 사실 옥스퍼드에서는 개인 시간이 많지 않아 맥주를 많이 즐길 수는 없었지만, 아쉬운 대로 방문하였던 펍 몇 군데와, 혹시나 들릴 수 있을까 하여 미리 알아보았던 한 곳을 소개하고자 한다.

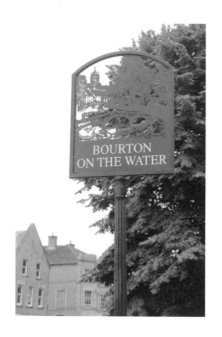

가랑비가 부슬부슬 내리는 아침, 온통 꽃들과 풀 내음 가득한 아름다운 영국 정원 마을들을 구경하고 있자니, 아침 이슬이 상쾌한 하루를 선사해준 것 마냥 기분 좋다. 아침은 바이버리Bibury라는 마을에서 간단히 블루베리가 듬성듬성 박힌 머핀 한 조각과 시나몬 가루 가득 뿌려진 카푸치노로 몸을 녹이고, 점심은 가이드 분이 추천해주신 코츠월드의 버튼 온 더 워터Bourton on the water라는 마을의 펍에서 뱅어 앤 매쉬Banger and Mash라는 영국식 소시지와 으깬 감자인 매쉬드 포테이토, 그리고 그린킹Greene King의 IPA 한 잔으로 요기하였다. 소시지와 으깬 감자는 피시 앤 칩스Fish and Chips에 이어 두 번째 맛보는 영국식 음식이었는데, 먹는 내내 '도대체 영국 음식이 맛 없다는 말은 어디서 나온 걸까'를 되뇌고 있었다. 으깬 감자는 살면서 먹어본 것 중 가장 맛있을 정도였는데, 어떤 음식이든 현지에서 맛보는 것만큼 훌륭한 건 없는 듯 하다.

앞서 한번 소개된 적 있는 그린킹Greene King은 영국에서 상당히 큰 규모를 갖고 있는 전통 양조장인데, 1799년에 세워진 이후 여러 양조장들을 인수하면서 영국에서는 손에 꼽을 정도로 큰 규모의 거대 양조장이 되었다. 애봇 에일Abbot ale을 비롯하여, 우리나라에 수입된 적 있는 올드 스펙클드 헨Old Speckled Hen, 벨헤이븐Belhaven 등이 유명한데, 이날 처음 맛 본 그린킹 IPA는

이름은 IPA[1]지만 도수는 3.6%로, 잉글리시 페일 에일English Pale ale, 혹은 앞서 설명한 비터Bitter스타일에 가깝다. 비터 스타일의 대표격인 그린킹 IPA는 탄산이 거의 없고, 홉이 가져오는 쓴쓸함이 무척이나 가벼워 현대의 많은 맥주 스타일에 비하면 그 특징을 크게 느끼기 어려운 편이다. 하지만 굉장히 가벼운 맥주로 음식과 함께 곁들이기엔 안성맞춤이었다. 진득하고 맛이 강한 맥주들은 간혹 음식의 맛을 크게 해치는 경우가 있는데, 그런 면에 있어서 그린킹 IPA는 이날 곁들인 진득한 소스의 소시지와 매우 잘 어울렸다. 짭조름한 맛의 음식이었기 때문일까, 맥주 한 잔은 정말 순식간에 비워졌고 다른 녀석들도 시도해볼까 했지만 식사시간에 유난히 많은 관광객들이 몰려 단체 투어버스 출발 시간이 다가와 아쉬움을 뒤로한 채 차에 몸을 실었다.

---

1 IPA, India Pale Ale의 약자이다. 영국의 제국주의 시절, 동인도회사에 의해 맥주 수출이 이루어졌는데, 수출용 맥주들 중에서도 몰트와 홉이 많이 들어간 스트롱 비터 혹은 페일 에일 스타일의 맥주가 해상무역에 의한 기후변화에도 훌륭한 품질을 유지하여 현지에서 인기가 많아 이름이 붙여지게 되었다. 그린킹 IPA와 같이 최근 영국 상업 맥주 중, 이름은 IPA지만 실제로는 가벼운 비터 스타일과 다를 바 없는 제품들도 더러 있다. 자세한 내용은 뒤에 맥주 스타일 소개 – IPA를 참고하기 바란다.

다시 옥스퍼드로 향하는 길, 아침부터 약간의 구름을 머금고 있던 흐린 하늘에, 가이드 분이 틀어주신 아주 분위기 있고 감성적인 음악이 더해지니 마음이 차분해진다. 매일매일이 전쟁터 같던 한국에서의 생활로부터 잠시 떨어져 있다는 사실 하나만으로도 잠시나마 평온해지는 기분이었다.

약 한 시간을 더 달려 옥스퍼드 대학에 도착, 고풍스러운 건물들 구석구석을 누비며 영화 해리포터에 나왔던 강당, 도서관들을 보다가 문득, '해리포터에 나오는 버터 맥주 파는 곳 어디 없을까? 해리포터가 친구들과 밥을 먹던 이곳에서 마셔보면 딱 일 텐데 말이야.' 하는 생각을 했다. 여행 가이드의 영국 대학 시스템에 대한 설명과 각 건물들의 건축양식에 대한 설명을 듣다 보니 어느새 오후가 다 지나고 있었다. 투어가 끝나고 잠시 주어진 개별 시간, 생각할 것도 없이 주변 펍을 뒤지기 시작하였다.

　투어를 마친 곳은 유럽에서 가장 오래된 도서관 중 하나인 보들리언 도서관^{Bodleian Library}과 독특한 돔형 도서관으로 유명한 래드클리프 카메라^{Radcliffe Camera}가 있는 래드클리프 광장. 캠퍼스의 작은 문 하나를 나오자 앞에는 서점을 비롯한 많은 상점들이 즐비해 있었다. 그중 서점 옆 건물에 펍 하나가 눈에 띄었다. 이름은 화이트 홀스^{White Horse}. 빨간 바탕에 순결한 백마 한 마리가 그려진 간판을 보고는 옥스퍼드에서 방문하려고 미리 알아보았던 펍인가 하며 좁다란 입구에 들어섰다.

영국에 맥주 마시러 가자

더 화이트 홀스 The White Horse

좁은 입구를 통해 안으로 들어가니 작은 반 지하 공간이 나온다. 흡사 비밀 지하저장고 같다는 인상을 주기도 한다. 작은 창문을 통해 들어오는 따스한 옥스퍼드의 햇살과 예쁜 꽃들 덕에 조급한 마음이 안정을 찾는다. 테이블 석은 단체 손님에게 양보하고, 구석진 바 자리 하나가 보여 조용히 앉아 분위기를 즐겼다. 탭 리스트는 5~6가지 정도로 아주 다양하진 않았지만, 옥스퍼드 인근 지역 양조장들 맥주가 대부분이라 오히려 호기심을 자극하기에 좋았다.

옥스퍼드 주, 위트니Oxfordshire, Witney라는 지역에는 영국을 대표할만한 클래식 에일 양조장이 더러 있다. 앞서 마스턴즈가 인수한 양조장에서 언급했던 위치우드 양조장Wych-wood Brewery 이라든지 브랙스피어 양조장Brakspear Brewery은 수많은 전통 영국 에일 중에서도 대중적으로 친숙하게 잘 알려져 있으며 영국 클래식 에일을 접하고 싶다면 한번쯤은 맛볼 만한 가치 있는 브랜드들이다. 현재는 한국에도 수입되어 대형마트에서도 쉽게 접할 수 있는 위치우드 양조장 맥주들의 포스터가 가게 벽면에 큼지막하게 붙어있었으나 캐스크 연결이 안 되어 있었고, 브랙스피어 양조장의 일부 라인업이 현재 주문 가능 메뉴로 내걸려 있었다. 위치우드의 대표라고 할 수 있는 홉고블린Hobgoblin은 국내에 수입되기 이전, 우연한 기회에 일본에서 맛을 본 적이 있던 터라 오히려 브랙스피어의 맥주들을 맛 볼 수 있어 운이 좋은 편이라 생각하였다.

브랙스피어 옥스퍼드 골드Brakspear Oxford Gold. 흰 바탕에 옥스퍼드라는 글씨가 크게 박혀있는 라벨은 '이 지역에 왔으니 당연히 나를 맛보아야 해' 라고 유혹하는 듯 했다. 30분 뒤면 또 한 시간 넘게 차 안에 꼼짝없이 갇혀있어야 했으므로 화장실을 못 갈 상황에 대비해 1/3 파인트 잔에 조금씩 테이스팅 하기로 하였다. (영국의 펍들을 돌아다니다가 알게 된 사실 하나는, 모든 펍들이 메뉴판에 1파인트 기준으로 가격을 명시해놓았지만 누구든 1/2 (half) 파인트, 1/3 (one third) 파인트로 달라고 말하면 알아서 그만큼만 따라준다는 것이다. 술이 약한 사람이나 조금씩 다양하게 맛보고 싶은 사람에겐 아주 안성맞춤이다)

상당히 맑고 투명한 황금빛에 약간의 호박색이 어우러진 느낌. 비터 스타일보다는 조금 더 밝고 경쾌한 느낌이다. 적당히 얇지만 거칠게 형성된 거품과 함께 전반적으로 에스테르에 의한 살구나 복숭아, 내지는 바나나 같은 은은한 과일향이 지배적이며, 오렌지, 레몬 껍질과 같은 시트러스한 향은 블론드 에일 치고는 많이 부각되지는 않는 편인 듯 하다. 오히려 영국산 골딩 Golding 홉이 가져다 주는 스파이시함, 흙 내음과 쓴쓸함이 깔려있어 영국산 비터 스타일과 비슷한 느낌도 든다.

질감은 상당히 가벼운 편으로 더운 여름날 부담 없이 여러 잔을 마셔도 좋을 법 한데, 향에서 느껴졌던 것처럼 오렌지, 레몬과 같은 감귤류의 맛은 크게 느껴지지는 않지만 홉의 쓴맛과 몰트의 가벼움이 적절히 밸런스를 이룬다. 몰트의 캐릭터도 캐러멜과 같은 달달함 보다는 가벼운 비스킷과 같이 약하게 뒤 받치고 있다. 일반적인 영국의 비터 스타일에 비교하자면 몰트의 캐릭터는 약하고, 홉의 특징이 조금 더 부각되는 듯 하다.

개성이 강한 신생 양조장 맥주들에 비하면 조금은 심심하기도 하고 아쉽다는 인상이 있었지만, 오랜 기간 많은 대중들이 찾는 맥주는 이렇게 언제 마셔도 부담이 없고, 어떤 음식과 함께 곁들여도 균형을 잘 이루겠구나 하는 느낌이 들었다. 마치 젠틀한 영국 신사들처럼 말끔한 인상을 받았달까. 옥스퍼드의 연로한 교수 하나가 내게 와서 '이곳 옥스퍼드의 사람들에게 오랜 세월 동안 변함없이 사랑 받는 전통 있는 맥주란 이런 맛이지' 하며 얘기해주는 것만 같았다.

시간이 조금 남아 한 잔을 더 주문하기로 하였다. 다른 펍도 가보고 싶었지만 시간이 많지 않았을 뿐 더러, 근처에 다른 펍이 잘 보이지 않기도 했다. 가볼 만한 펍 몇 군데를 더 알아오긴 했지만 시간이 없어 둘러보지 못 한게 아쉬울 따름. 이번에도 역시나 옥스퍼드 지역 맥주인 쇼토버 양조장^{Shotover Brewing}의 프로스펙트^{Prospect}라는 맥주를 한 잔 시켰다.

프로스펙트 세션 비터^{Prospect Session Bitter}, 스칼라 잉글리시 비터^{Scholar English Bitter}, 트리니티 골든 페일 에일^{Trinity Golden Pale ale}, 옥스퍼드 포터^{Oxford Porter}. 쇼토버 양조장에서 연간 생산하는 4가지 맥주들인데, 이름에서 느껴지듯이 옥스퍼드에 대한 자부심이 대단한 듯 하다. 그중에서도 화이트 홀스 펍에서 즐길 수 있었던 프로스펙트는 이 양조장에서 세션 비터라는 스타일로 정의를 하였다. 일반적인 맥주 스타일의 정의는 아니지만, 아무래도 비슷한 스타일인 스칼라 잉글리시 비터와 구분하기 위함인 듯 하다. 비터라는 스타일 자체가 굳이 세션Session 2이라는 용어가 붙지 않아도 상당히 가볍게 마실 수 있는 종류이기 때문에 약간은 의아하면서도 한 잔 들이킴으로써 왜 이러한 이름을 붙였는지 조금은 이해가 되었다.

3.7 %의 알코올 함량, 상당히 가볍다. 부담 없는 알코올 도수에 전형적인 영국식 비터의 호박 색상, 보다 풍성한 거품층, 가볍지만 은은하게 느껴지는 꽃 향기. 흥분을 줄 정도로 자극적이진 않지만, 은은한 향들이 마음을 설레게 만든다. 맥아에서 오는 달달한 캐러멜 느낌, 노릇한 빵, 나무향woody과 같은 기본 뼈대에 과일향, 홉의 쌉쌀함이 상당히 입안을 즐겁게 해준다. 현대 미국식 크래프트 맥주들에 비하면 캐릭터들이 강력하게 도드라지진 않지만, 적당히 절제되면서도 기본 요소들의 향과 맛이 어느 정도 충분히 뒷받침되어 꽤나 매력적이다. 양조장의 설명을 보면, 일반적인 영국식 비터에 비해 더 많은 맥아를 넣고, 영국산 홉과 미국산 홉을 적절히

---

2 맥주에서 세션Session이라는 용어는 알코올 함량이 많지 않아 가볍게 여러 잔 들이킬 수 있는 맥주를 말한다. 어떠한 특정 시간이나 시즌을 의미하는 단어로서, 보통 '여름철'에 부담 없이 여러 잔 마실 수 있도록 가볍게 만들면서 세션이라는 단어가 붙은 것으로 추정된다. 알코올 함량 약 4% 이하의 맥주에 주로 붙인다.

넣어(심지어 드라이홉핑^{Dry-hopping}3 까지 해서) 보통의 클래식한 영국 에일들에 비해 풍미가 좋은데, 그러면서도 가벼운 도수로 마시기 편하게 만들었다는 것이 쇼토버의 매력인듯 하다. 2009년에 문을 연 쇼토버는 아주 전통적인 영국 에일이라기 보다

는 대부분의 맥주들에 현대적인 요소가 가미되어 있다. 이보다도 더 풍부한 향을 가질 것으로 보이는 쇼토버 스칼라^{Shotover Scholar}와 더불어 두 비터 스타일의 맥주는 유명 맥주 평점 사이트에서도 상당히 훌륭한 스타일 점수를 받고 있다. 스칼라도 함께 비교해보면서 마셨으면 좋았겠지만, 아쉽게도 펍에서 두 가지를 동시에 서빙하고 있지는 않았다. 주어진 시간이 짧아 여러 곳의 펍을 방문해보진 못했지만 그래도 옥스퍼드 인근에서 생산되는 인지도 있는 몇몇 맥주들을 마셔본 것으로도 충분히 만족하며 돌아가는 차에서 단잠을 청하기로 하였다.

* 쇼토버는 소규모 양조장답게, 인근 마을 공동체와 함께 협업하여 스페셜 맥주들을 출시하기도 한다. 옥스퍼드 브룩스 대학교^{Oxford Brookes University}의 근간이 되는 옥스퍼드 미술대학^{The Oxford School of Arts}의 150주년 기념 맥주를 만들기도 하였고, 인근의 홉 재배지에서 생산된 홉을 활용하여 옥스퍼드 현대미술관^{Modern Art Oxford}과 함께 맥주를 만들기도 하였다. 구하기는 쉽지 않겠지만, 운이 좋다면 옥스퍼드에서 생산되는 특별한 맥주를 접할 수 있는 기회를 노려보는 것도 맥주 여행의 묘미라 할 수 있겠다.

---

3 홉^{Hop}의 용도는 크게 쓴맛을 내기 위함과 아로마(열대과일, 감귤류, 소나무 향 등)를 내기 위한 2가지 용도로 나뉘는데, 후자의 역할을 크게 하기 위해 맥아즙을 끓이는 프로세스 이후 효모에 의한 발효가 진행될 때 홉을 넣어 홉의 베타산^{Beta acid}을 이용하는 양조기법이다.

로열 블렌하임 Royal Blenheim

옥스퍼드에서 또 다른 화이트 홀스^{White Horse}로도 불리는 곳. 자체 양조장에서 상당히 현대적인 맥주 스타일도 다양하게 만드는 곳이라, 시간이 되면 들러보려고 알아보았던 곳이다. 옥스퍼드 인근 지역^{Oxfordshire}의 유네스코 문화 유산 중 하나인 블렌하임 궁전에서 이름을 따온 것으로 추정되는 로열 블렌하임은 옥스퍼드 지역에서 가장 인기 있는 펍 중 하나이다. 2004년에 지어진 소규모 양조장인 화이트홀스의 탭 하우스라고 할 수 있는 펍으로, 그들만의 개성 있는 맥주들을 가장 다양하게 맛볼 수 있는 곳이다. 앞서 소개했던 화이트 홀스 펍과 조금은 혼동되기 쉬운데, 먼저 소개했던 펍이 훨씬 오래된 전통적인 펍인 반면(앞의 화이트 홀스는 보존해야 할 건축물 2등급^{Grade II listed building}에 해당하는 16세기에 지어진 건물에 자리잡고 있다), 이곳은 보다 현대적인 느낌이 강하다. 여느 영국 펍과 마찬가지로 비터 스타일이 주를 이루며 영국식 흑맥주인 포터^{Porter}, 미국식 페일 에일, IPA 등 다양한 종류의 개성 있는 맥주들을 맛 볼 수 있으니 여유가 있다면 이곳에서 옥스퍼드의 신생 브루어리에서 만들어진 모던한 영국 에일들을 맛보길 권한다.

University of Oxford의 상직 색인 다크 블루 Dark Blue에서 영감을 얻어 만든 맥주 Dark Blue Oxford University Ale도 특별한 시즌에 판매되곤 한다. 운이 좋으면 맛볼 수 있을 지도…

맥주 스타일 소개
Beer Style Guide 2
British Golden Ale

영국을 대표하는 맥주 스타일 중, 비교적 최근에 생겨난 스타일이라고 할 수 있다. 1980년대경 발전된 영국식 골든 에일은 외산 대기업 맥주들, 예를 들면 칼스버그^{Carlsberg}나 하이네켄^{Heineken}과 같은 가볍고 청량감 있는 대량 생산 맥주 브랜드들에 의해 빼앗긴 젊은 세대들의 시장 점유율을 되찾기 위해 고안되었다. 비터 스타일만큼 질감이 매우 가벼우면서, 맥아의 특성을 줄여 외산 라거 맥주들처럼 매우 밝고 투명하고 청량하다. 비터 스타일에서 느껴지는 맥아 특성인 캐러멜과 같은 느낌은 거의 없으며, 라거몰트나 밝은 색의 페일몰트를 사용하여 맥아에 의한 특징은 빵이나 비스킷 정도의 느낌만 가볍게 깔려있고, 대신 홉의 특징이 보다 부각된다. 기본적으로는 영국산 홉들을 주로 사용하여, 허브 향, 젖은 흙과 같은 아로마가 느껴지지만, 최근에는 오렌지, 감귤과 같은 시트러스함이 느껴지는 미국식 홉도 많이 이용하는 추세이다. 생산자에 따라서 대기업 라거들처럼 옥수수 전분이나 밀 전분, 설탕 등을 이용하기도 한다. 알코올 도수는 보통 3.8 ~ 5.0%이며, 가볍고 청량감 있는 특성 때문에 주로 여름 시즌에 차갑게 서빙되는 편이지만 최근에는 연중 내내 생산되는 스타일이기도 하다.

- British Golden Ale

알코올 함량	• 3.8 ~ 5.0 %
대표적인 상업 맥주	• 위치우드 홉고블린 골드 Wychwood Hobgoblin Gold • 풀러스 오가닉 허니 듀 Fuller's Organic Honey Dew

케임브리지 *Cambridge*

쌀쌀한 아침, 일찍부터 서둘러 기차에 몸을 실었다. 8월 한여름이었지만 이른 아침은 제법 으슬으슬했다. 이른 시간이라 그런지 기차 안은 한적하니 조용한 아침을 즐기기 좋았다. 가방에 챙겨 온 맥주 한 캔이 있어 여유롭게 혼자만의 시간을 즐길까도 싶었지만, 일찍부터 부지런히 돌아다녀야 했으므로 알코올 섭취는 조금 미루기로 하였다.

곧 따스한 햇살이 창문을 통해 들어와 내 몸을 녹여주더니, 어느새 기차는 케임브리지 역에 다다랐다. 학생으로 보이는 사람들을 따라 무작정 걸은 지 얼

마 되지 않아 캠퍼스의 아름다운 건물들이 하나씩 모습을 드러내기 시작한다. 푸르른 잔디와 예쁜 꽃들, 그리고 오랜 세월이 느껴지는 건축들이 뿜어내는 고즈넉한 분위기를 느끼고 있다 보니, 어느 샌가 관광객들로 점점 마을은 활기를 띠는 듯 하다. 조금은 어수선한 분위기를 피해, 캠퍼스를 감싸 흐르는 케임브리지 강 위에서 펀팅 punting을 즐기기로 하였다. 펀팅은 긴 장대 나무로 강 바닥을 밀며 배를 움직이는 놀이를 말하는데, 케임브리지의 젊은 학생들이 뱃사공 역할을 하며 파트타임으로 일을 하곤 했다. 하지만 요즘은 늘어난 관광객들의 수요로 인해 다소 상업적으로 변질되

어 보이기도 하였다. 그렇지만 아무렴 어떠한가. 보트 하나를 빌려 홀로이 유유자적하고 싶기도 했지만 강바닥을 밀고 다니는 일은 여간 쉬운 일이 아닌 듯 했다. 다부진 체격을 자랑하는 뱃사공들을 보고 나서는, 나는 그저 보트에 가만히 앉아 움직여주는 대로 캠퍼스를 구경하기로 하였다.

시간이 얼마나 흘렀는지도 모른 채 강 위에서 한가로운 시간을 보내고 있자니, 슬슬 배가 고파져 온다. 캠퍼스 구석구석을 구경하며 가보려고 미리 정해두었던 펍을 향해 천천히 걷기 시작했다. 더 메이폴The Maypole. 관광객들이 많이 다니는 거리에서 조금 벗어나 인적이 드문 골목에 위치해있었다. 그림이 그려진 펍의 간판을 보니, 봄이 왔음을 기뻐하고 즐기는 유럽의 전통적인 축제, 메이

데이^{May Day}의 메이폴을 의미하는 것으로 보인다. 한적하던 주변 분위기를 느낄
새도 없이, 꼬르륵거리던 배는 나를 얼른 가게 안으로 들어가도록 재촉하였다.

더 메이폴 The Maypole

안으로 들어서자, 꽤나 나이 지긋하신 손님들 몇몇이 맥주를 주문하고 있
었다. 1982년부터 가족경영으로 지금까지 운영되고 있는 이 펍은 내 나이보
다도 더 오래된 가게다. 케임브리지 학생들과 대학 교수들, 동네 주민들의 쉼
터인 이곳에서 30년 넘는 세월의 흔적을 고스란히 느낄 수 있었다.

드래프트^{Draft} – 혹은 탭^{tap}, 우리나라로 치면 생맥주 – 로 준비되어 있는

맥주 라인업을 보고 있자니, 흥분을 가라앉힐 수가 없었다. 앞서 소개했던 이름난 영국 전통 에일들이 다양하게 준비되어 있었던 것. 사무엘 스미스Samuel Smith's, 애드넘Adnams, 세인트 오스텔St. Austell과 같은 전통 양조장들의 맥주들이 대표 맥주 한 두 가지도 아닌 여러 라인업들로 준비되어 있었고, 젊은 세대들도 아우를 수 있도록 캠든Camden Brewery, 라구니타스Lagunitas와 같은 영국, 미국 크래프트 맥주들도 탭핑되어 있었다.

주문을 기다리면서 연신 카메라 셔터를 눌러대자 이 가게의 주인쯤 되어 보이는 아저씨가 본인 사진도 찍어달라고 한다. 손님들과 대화를 하며 한 두 잔씩 맛본 맥주 덕에 살짝 취기가 오르셨는지, 빨개진 코가 오랜 기간 동안 이 펍을 운영해온 가게 주인이라는 것을 여실히 보여주고 있었다.

적당한 곳에 자리를 잡고 주문을 한다. 첫 맥주는 세인트 오스텔의 빅 잡Big job 더블IPA. 1 파인트pint의 크기가 어마어마하다. 파인트 사이즈에 대해 잠시 얘기를 하자면, 영국과 미국의 1파인트 용량의 기준이 조금 다르다. 영국은 1파인트의 기준이 약 568ml, 미국은 약 473ml로 대략 20% 정도의 차이가 난다. 혼동을 방지하기 위해, 영국식 1파인트를 임페리얼 파인트Imperial pint라고 부르기도 한다. 추후에 맥주 스타일 소개란에서도 언급이 되겠지만, 맥주 용어에 있어 임페리얼이라는 단어는 '보다 강렬한', '자극적인', '두 배의

/ 추가적인'과 같은 뜻으로 종종 쓰인다.

제대로 된 영국식 1파인트 잔을 받고서 엄청난 사이즈에 놀라고 있기도 잠시, 곧이어 따라 나온 피시 앤 칩스Fish and Chips와 함께 곁들이니, 맥주와 음식이 코로 들어가는지 입으로 들어가는지 알 수 없는 신세계를 경험할 수 있었다.

맥주 스타일 분류상, 임페리얼 IPA에 해당하는 이 맥주는 맥주라벨에서부터 'Massively Hopped' – 미친듯이 홉 때려박음 – 이라고 경고를 하고 있다. 사실 클래식한 영국 에일들은 요즘 유행하는 미국식 크래프트 맥주들에 비하면 상당히 가벼운 편인데, 굉장히 자극적인 미국식 크래프트 맥주에 익숙해진 사람이라면 영국 맥주를 처음 마시곤 종종 실망하거나 아쉬움을 느끼는 경우가 대부분이다. '가벼워서 편하게 마시긴 좋은데, 풍미를 더 살리고, 무게감을 더 줬으면…' 하는 젊은 사람들의 수요를 충족시키고자 세인트 오

묵직한 주인아저씨의 핸드 펌핑에 의해 따라져 나오는 빅 잡 IPA, 영국 전통방식인 캐스크 에일 방식으로 서빙된다.

스텔에서는 영국 콘웰Cornwell 지방의 마리스 오터Maris Otter몰트와 미국식 홉인 시트라Citra, 센테니얼Centennial 홉을 가득 담아 화사한 풍미를 적극 살려 빅 잡을 출시하였다.

상당히 투명하지만 결코 가벼워 보이지 않는 짙은 누런색 바디, 적당히 형성되었지만 이내 얇게 사라져버리는 거품은 여전히 물음표를 가져다 주었지만, 곧이어 코를 자극하는 화사한 오렌지향과 함께 뒤섞인 약간의 녹진한 몰트 향

이 단번에 나를 다시 설레게 만들었다. 한 모금 입에 머금자 상당히 풍성하게 올라오는 열대과일 향, 망고, 파인애플, 감귤과 같은 화사함이 상당히 강하게 혀를 자극하고, 영국 에일 특징답게 맥아에 의한 묵직함이 충분히 뒷받침을 해주며 기가 막힌 밸런스를 보여준다.

'오, 이거야!'

'영국산 전통 에일들은 밍밍하고 볼품없어', 라는 편견을 깨기에 아주 적당했다. 더위를 식히며 두어 모금 더 들이키고 있는 사이, 먼저 주문 했던 피시 앤 칩스가 나왔다. 메이폴 주인 아저씨는 이 피시 앤 칩스 음식에 자부심이 무척이나 대단한 듯 했다.

"너는 상당히 운이 좋은 친구야, (꼬맹이)"

'꼬맹이'라는 말은 하지 않았지만, 나이에서 느껴지는 연륜이 나를 그렇게 부르고 있는 듯 했다.

"내가 이 가게에 있을 때 방문을 하다니, 우리 집 피시 앤 칩스는 정말 맛있는데 내가 어떻게 먹는지 알려줄까?"

라며 싱글벙글 신이 나신 듯 보였다. 영국에 와서 처음 맛보는 피시 앤 칩스인데, 당연히 케챱을 접시 한 켠에 뿌지직 뿌려 감자튀김을 집어먹으려는 찰나, '머나먼 아시아에서 넘어와 이런 건 처음 먹어보는 촌놈이구나' 라는 느낌으로,

"영국식 감자 튀김은 케챱에 먹는 게 아니야. 그 옆에 소스 통들 있지? 거기서 식초 - 몰트 비네가^{Malt Vinegar}, 우리나라에서 흔히 접하는 식초와는 다르게, 맥주의 원료 중 하나인 보리 맥아를 발효해 만든 식초 – 를 적당히 두

르고, 소금 들어 있는 통을 돌리면서 적당히 뿌려먹으면 아주 그만이야!"

'응? 감자튀김을 식초랑 소금 뿌려 먹는다고?' 어떤 맛일지 전혀 상상되지 않았지만 내가 또 누구인가. 새로운 것 도전하기 좋아하는 나는 당장 실행에 옮긴다. 아직은 어떤 맛일지 모르니 접시 한쪽에 식초 조금 뿌려서 찍어보고, 소금도 약간씩 뿌려 한 입을 딱 베어 무는데…

'우와, 이건 또 무슨 조합이지?' 시큼한 맥주Sour ale를 좋아하는 나는 금새 이 맛에 빠져들었다. 감자튀김을 이렇게 먹기도 하는구나. 정말 맛있다. 이젠 식초를 감자튀김 전체에 듬뿍 듬뿍. 소금도 팍팍. 강렬한 맥주를 맛보면 상대적으로 가벼운 맥주가 더 감흥이 없고 빈약하게 느껴지듯이, 이 소금과 식초 조합을 조금씩 더 맛 보면 맛 볼수록, 나의 입맛은 더 강렬함을 원하고 있었다.

"아저씨, 이거 너무 맛있어. 너네 음식은 정말 최고야."

같이 곁들여 나온 대구튀김도 매우 신선하고, 겉은 바삭바삭, 속은 정말 부드러웠다. 우리나라에서 맛보던 피시 앤 칩스와는 비교가 안 될 정도. 레몬도 듬뿍 듬뿍, 타르타르 소스도 듬뿍. 가만 생각해보니 아침 일찍부터 캠퍼스를 둘러보는 동안 아무런 요깃거리도 없이 이제서야 첫 끼니를 맞이하고 있었다. 한 켠에 같이 곁들여 나온 완두콩도 일품이다. 음식의 색 조화를 위해 단순히 장식용으로 올라간 것이 아니라, 말랑말랑하게 푹 쪄서 나온 콩은 평소 콩을 잘 먹지 않는 나조차도 한 알 남김 없이 깨끗하게 비우게끔 만들었다. 이 가게가 30년 넘게 단골 손님들에게 사랑 받는 이유를 알 것 같았다.

'한 잔으로는 부족하니깐', 다른 어떤 녀석을 또 마실까 잔뜩 기대에 부풀어 바 앞에 다시 섰다. 더위 탓에 기진맥진 해진데다가, 대낮에 첫 끼니부터 큰 사이즈의 1파인트를 한잔 했으니 취기가 살짝 오르는 듯도 했지만, 이 많은 맥주들을 뒤로하고 돌아갈 순 없었다. 다 맛보고 싶지만 이걸 다 마신다면 난 분명히 런던으로 돌아가는 기차를 못 탈 것 같고…

"아저씨, 나 이것들 다 맛보고픈데, 조금씩 테이스팅 해볼 수 있어요?"

"물론이지 뭘 맛보고 싶니?"

아저씨는 작은 잔을 집어 들곤 이미 대기를 하고 계셨다. 음, 오늘은 전통 에일들 위주로 마시기로 했으니,

"여기 사무엘 스미스 것들, 오가닉 라거^{Organic Lager}랑 엑스트라 스타웃^{Ex-tra stout}도 마시고 싶고, 저 쪽에 세인트 오스텔의 트리뷰트^{Tribute}도 맛보고 싶고…"

말이 끝나기도 전에, 이미 작은 테이스팅 잔에 조금씩 맥주를 따르고 계셨다. '음, 이 녀석도 좋고, 저 녀석도 맛나고… 친구들이라도 많이 있었으면 각 한 잔씩 시켜 쉐어라도 할 텐데…' 두어 모금씩 몇몇 맥주들을 맛보고 있던 찰나, 가게 한쪽 벽에 적힌 다양한 바틀 리스트들이 눈에 들어왔다.

영국뿐만 아니라 다른 나라들의 많은 병 맥주들이 갖추어져 있었지만, 영국의 클래식한 맥주들을 맛보기로 하였으니 가장 다양하게 잘 구비된 사무엘 스미스 양조장 것들을 시도해보기로 하였다. 한국에는 아직까지 수입이 되지 않고 있으면서도 굉장히 훌륭한 품질을 자랑하는 사무엘 스미스의 맥

주 리스트들을 보면서 무얼 마실까 고민하다가, 방금 전까지는 강력한 홉의 캐릭터를 듬뿍 맛보았으니 이번에는 몰트의 특성이 잘 드러나는 브라운 에일Brown Ale을 한 잔 맛보기로 하였다.

사무엘 스미스의 넛 브라운 에일Nut Brown Ale, 뉴 캐슬 브라운 에일New Castle Brown Ale과 더불어 잉글랜드 북부지방의 브라운 에일Northern English Brown Ale 스타일의 표준이 될만한 굉장히 대표적인 맥주이다.

마호가니 나무와 같은 붉은 빛이 아름답게 감도는 적갈색 바디, 상당히 짙은 색이 맥아에 의한 무거운 느낌을 가져다 줄 것 같지만, 그러면서도 상당히 투명해 더운 여름철에도 부담 없이 마실 수 있을 것 같은 가벼움도 가지고 있다. 계란껍질 같은 연한 베이지색 거품이 파인트 잔 위로 폭신폭신하게 올라가있다. 가볍게 로스팅된 맥아에 의한 단 향이 전반적으로 은은하게 느껴지면서 살짝 그을린 빵과 캐러멜스러움이 가볍게 느껴진다. 맛 또한 향과 크게 다르지 않지만 얕게 느껴지던 향들이 입안을 확실하게 채워주는 느낌이다. 너무 과하지 않은 맥아의 짙은 달콤함 속에 맥주의 가벼운 질감은 입안을 금세 깔끔하게 정화시켜주며, 호두나 땅콩, 밤과 같은 견과류의 구수한 느낌이 끝에 묻어나면서 드라이하게 마무리 된다.

8월의 한여름, 내리쬐는 태양 아래에서 검게 그을린 매혹적인 구릿빛 피부의 매력이란 이런 느낌일까? 여름에 마시기엔 자칫 무겁게 느껴질 수 있는 맥아의 달콤함이 상당히 절제되어, 가벼운 질감과 함께 훌륭한 밸런스를 보여주며 연거푸 몇 모금을 더 들이키게끔 만들었다.

한적한 주말 낮 시간, 동네 펍으로 삼삼오오 모여들어 간단한 식사와 함께 곁들이는 부담 없는 맥주 한 잔, 그리고 오가는 대화들. 여유로움이 느껴지는 영국인들의 일상이 못내 부럽기도 하고, 그 속에서 함께 맥주와 행복한 휴가를 보내고 있는 내 모습도 썩 나쁘지는 않게 느껴졌다.

케임브리지 브루 하우스 The Cambridge Brew House

대낮부터 잉글리시 파인트 두 잔에 몸이 나른해졌지만, 이대로 케임브리지 맥주 투어를 끝내고 런던으로 돌아가기엔 너무 아쉬웠다. 클래식한 펍을 가보았으니, 이번엔 보다 젊은 층들이 많이 갈 것 같은 캐쥬얼한 느낌의 펍으로 가보기로 하였다. 브루 펍Brew pub(가게 안에 양조설비를 갖추고 직접 양조하여 파는 펍을 브루 펍이라고 부른다) 이름이 케임브리지 브루 하우스라니, 자신들이 케임브리지를 대표할 만한 맥주를 만든다는 자부심을 뽐내고 있는 듯 했다. 전세계적으로 엄청난 붐을 일으키고 있는 크래프트 맥주가 공부만 할 것 같은 케임브리지 학생들 사이에서도 꽤나 인기인 듯 하다. 일반적인 브루 펍에서 흔히 볼 수 있는 공장스러운 느낌의 벽돌 건물이지만 작은 영국 정원 같은 소소하면서도 예쁜 꽃들이 가게 밖에 내걸어져 있었다.

안으로 들어서니 확실히 메이폴보다는 연령대가 많이 낮아진 느낌이다. 젊은 친구들이 여럿 일하고 있었고, 낮이라 아직 손님들이 붐비진 않았지만 훨씬 에너지 넘치고 시끌시끌한 분위기가 느껴졌다. 가게 한쪽에는 작은 크기의 양조 공간이 자리잡고 있었고, 맥주 재료인 맥아 포대가 수도 없이 쌓여

있었다. 벽에는 맥주 양조 순서를 보여주는 그림이 만화처럼 익살스럽게 그려져 있어, 확실히 더 캐쥬얼한 느낌을 받을 수 있었다. 이곳 케임브리지 브루 하우스에서 양조되는 모든 스타일의 맥주를 다 마셔보고 싶었지만 양조 시설이 크지 않아서인지, 하필 많은 맥주들이 다 떨어졌을 때 방문해서인지 이 가게에서 만들어진 모든 맥주들을 맛볼 수는 없었다. 아쉬웠지만 현재 주문이 가능한 3가지 맥주를 조금씩 맛 보고 그중에 하나를 작은 사이즈로 마시기로 하였다. 영국식 비터 스타일인 킹스 파라다이스^{King's Paradise}, 페일 에일인 미스티 리버^{Misty River}, 그리고 또 다른 페일 에일인 케임브리지 브루하우스 페일 에일^{Cambridge Brewhouse pale ale}.

크래프트 맥주 펍에서 판매하는 페일 에일은 대개 미국식 페일 에일을 의미하는 편인데, 앞서 메이폴에서 이보다 더 강렬하고 훌륭한 맥주들을 마시고 와서인지, 3가지 모두 크게 감흥은 없었다. 영국식 페일 에일이라 치면 3가지 모두 비슷한 스타일인 것도 한몫 했을지도 모르겠다.

　요즘 유행하는 자극적이고 강렬한 미국 스타일의 크래프트 맥주들과는 거리가 멀었지만, 무더운 여름, 젊은 학생들이나 가족들이 삼삼오오 모여 식사와 함께 가볍게 맥주한잔 즐기기엔 나쁘지 않겠단 생각이 들었다. 오랜 세월 속에서 노하우가 축적된 전통 펍과 달리 이제 막 시작한 가게에서 느껴지는 아쉬움도 있었지만, 젊은 친구들이 가진 열정으로 앞으로 만들어질 맥주들이 재미나고 창의적인 것들로 가득하길 기대해본다.

바카날리아 바틀샵 Baccahanalia

아름다운 케임브리지 캠퍼스를 마음껏 누비고서, 따뜻한 햇살 아래 잔디밭에서 휴식을 취하다 보니 어느덧 런던으로 돌아가야 할 시간이 다 되어가고 있었다. 기차를 타러 가는 길에 캠퍼스에서 조금 벗어난 바깥 동네 구경도 해보기로 하였다. 관광지나 다름없는 시끌시끌한 캠퍼스에서 벗어나 조용한 대학 도시의 느낌을 느껴보고 싶기도 했고, 사실은 펍과 더불어 미리 알아온 바틀샵 한군데를 들러 구경하고 싶었던 마음이 컸다. 케임브리지를 방문한 날이 일요일이어서 그런지 관광객들로 붐비는 캠퍼스와는 달리, 바깥 상점들은 문을 닫은 곳이 많아 상당히 한산한 분위기였다. 제대로 찾아가고 있는

게 맞는 건가, 문을 연 가게가 하나도 없어 보이는데 하며 불안해 하고 있을 때, 길가에서 발견한 새빨간 가게! 짙은 선홍빛이 감도는 빨간 바탕에 바카날리아 Bacchanalia 라는 이름이 크게 써있고, 입구에는 술의 신 바쿠스Bacchus로 보이는 자가 천국으로 가는 문을 지키고 있는 듯 하였다. 바카날리아라는 말은 고대 로마에서 풍요의 신이자, 술의 신인 바쿠스를 기리던 축제를 일컫는데, 술을 취급하는 가게에서 이보다 더 적합한 이름이 어디 있으랴.

어렵사리 찾았지만 주변 가게들도 대부분 문이 닫혀있고 바카날리아 조차도 내부에 불이 꺼져있는 것이 문이 닫힌 게 아닌

가 여간 불안하지 않을 수 없었다. 그래도 문은 한번 두드려보자는 마음에 노심초사하면서 노크를 하였다. 문은 굳건히 잠겨있었고, 초인종 따위도 없어 아쉬운 대로 문을 몇 번 더 두드리며 절망을 하려던 순간, 내가 두드리던 문 옆에 또 다른 문에서 한 청년이 들어오라며 맞이해준다.

그렇다, 내가 두드렸던 정면에 있던 문은 가게 건물 2층으로 이어지는 문이었고, 정작 가게로 들어가는 문은 바로 오른쪽에 있음에도 보지 못했던 것. 문을 열어주던 주인이 어찌나 반갑던지, 멋쩍은 미소를 보이곤 안으로 들어간 순간 방대한 양의 술을 보곤 정신을 차릴 수가 없었다. 술, 특히 포도주의 신 바쿠스를 기리는 축제장답게 바카날리아는 엄청나게 많은 와인들을 구비하고 있었고, 위스키 또한 잉글랜드, 스코틀랜드, 아일랜드 각지에서 온 것으로 보이는 다양한 셀렉션이 한쪽 자리를 차지하고 있었다.

연신 '우와'를 연발하면서도, 한편으로는 '응? 나는 분명 맥주를 판다고 해서 왔는데..' 하며 보다 안쪽으로 들어 선 순간 흥분을 감출 수가 없었다. 벨기에, 독일과 같은 유럽대륙에서 넘어 온 맥주들, 그리고 일부 미국산 맥주들이 자태를 뽐내고 있었고, 다른 한 쪽 선반에는 영국산 크래프트 맥주들이 다른 나라 맥주들과 어깨를 나란히 하고 있었다.

가장 눈에 먼저 들어 온 것은 벨기에 람빅들Lambic. 다른 나라의 일반 맥주들과 달리 벨기에의 수도 브뤼셀Brussels 인근에서만 만들어지는 람빅은 맥주를 만들 때 쿨쉽coolship이라고 불리는 큰 오

픈 발효조에서 워트^{wort}라고 하는 맥아즙을 식히며, 공기 중에 떠다니는 야생효모^{wild yeast}와 만나 발효하며 독특한 캐릭터를 갖는 것이 특징이다. 굉장히 시큼한 맛인데, 최근 크래프트 맥주의 인기와 더불어, 전통 있는 유럽산 맥주들 중 굉장히 일부 지역에서만 만들어지는 독특한 맛의 맥주들이 맥주 매니아들의 많은 수요를 따라가지 못해 희소가치가 굉장히 높아지고 있다.

틸퀸^{Tilquin}과 깐띠용^{Cantillion}을 비롯하여, 지라댕^{Girardin}과 같은 벨기에 람빅들, 그리고 여행 당시만해도 국내에선 구경하기도 힘들었던 미국산 캐스케이드^{Cascade}와 같은 신맛을 내는 맥주들이 이런 시골에서 다양하게 구비되어 있다니. 보통은 어떤 한 나라를 여행하면 그 나라만의 식문화를 주로 즐기는 편인데, 이곳에서의 맥주들은 감히 못 본체 할 수 없어 몇 병 담아 한국으로 가져가기로 하였다.

"이봐 친구, 깐띠용 맥주 2가지가 맘에 드는데, 어떤 게 더 평이 좋은지 검색해 줄 수 있어?"

라는 물음에 그 정도는 일도 아니라는 듯이 바로 도움을 준다. 여행하느라 방전되었던 핸드폰 배터리도 잠시나마 충전을 부탁하고 맥주 이야기도 나누면

서, 짧은 시간이었지만 즐거운 대화를 나누었다. 예약해둔 기차 출발시간이 얼마 남지 않아 아쉽지만 발걸음을 돌려야만 했다. 친절한 직원과 다양한 주류의 구비, 영국산뿐만 아니라 훌륭하고 유명한 미국, 벨기에, 독일 산 맥주들을 구하고 싶다면 케임브리지에서 이곳

을 꼭 방문해보길 추천한다. 와인과 위스키를 좋아하는 사람들도 절대 실망하지 않을 다양한 라인업으로 강력 추천할, 그야말로 술 축제의 장!

케임브리지 와인 머천트 바틀샵 Cambridge Wine Merchants

케임브리지 캠퍼스에서 바카날리아 바틀샵을 향해 가던 길 중간에서 우연히 마주친 또 다른 바틀샵이다. 바카날리아와는 한 블록 차이로, 거의 바로 옆에 붙어 있을 정도로 가까이 위치해 있다. 길가에서 보이는 통 유리 벽 너머로 다양한 영국 크래프트 맥주들이 즐비해 있다. 바카날리아에 비해 전체적인 맥주 가지 수는 적지만, 이곳은 보다 영국 맥주 위주로 라인업이 구비되어 있다.

클래식한 영국 맥주 중에서도 최근에 생겨난 젊은 크래프트 양조장의 맥주들 만큼이나 기교하고 인기가 좋은 훌륭한 맥주들, 가령 사무엘 스미스라든가 스코틀랜드의 하비스타운Harviestoun 등 다른 바틀샵에서 찾아보기 힘든 맥주들도 다양하게 구비되어 있고, 추후에 소개될 신생 영국 크래프트 양조장들, 쏜브릿지Thornbridge, 브루바이넘버스Brew by numbers, 스코틀랜드의 1세대 돌아이 양조장 브루독Brewdog을 비롯하여, 바카날리아에 없는 파티잔Partizan, 무어Moor 등 이웃 바틀샵과 크게 겹치지 않게끔 맥주들을 보유하고 있다. 런던에 비하면 상당히

시골이라는 생각을 했지만, 막상 두 군데의 바틀샵을 둘러본 결과, '런던의 웬만한 바틀샵과 비교하여도 손색이 없을 정도의 훌륭한 맥주들을 보유하고 있구나' 라는 생각이 들었다.

공부도 열심인 케임브리지 학생들, 맥주를 즐기는데 있어서도 전세계 수준급이 아닐까 라는 생각을 혼자하며 런던행 기차에 다시 몸을 실었다.

케임브리지 비어 페스티벌 Cambridge Beer Festival

케임브리지에서의 맥주 관련 정보를 찾던 중, 눈에 들어온 케임브리지 비어 페스티벌. 후에 소개될 영국 맥주 축제Great British Beer Festival (GBBF)와 동일하게 캄라CAMRA에서 운영하는 행사이며, 영국에서 가장 오래된 맥주 축제이자 방문자 수 기준으로는 영국에서 두 번째로 큰 맥주 행사이다. 런던에서 열리는 GBBF보다 1년이나 앞선 1974년에 케임브리지에서 대규모의 맥주 행사를 먼저 열었다는 것이 놀랍다. 2018년을 기준으로 45번째 축제를 갖는 케임브리지 비어 페스티벌은 매년 5월 말에 열린다. 5월 마지막 주 월요일부터 토요일까지 6일간, 4만 명 이상의 방문자들이 약 80,000 파인트 이상의 맥주를 소비하며, 케임브리지 지역 맥주뿐만 아니라 영국 각지의 맥주들 그리고 지역 사회에서 만들어진 사과 술 사이다Cider, 배로 만든 술인 페리Perry, 꿀로 만든 미드Mead, 포도로 만든 와인Wine 등을 아우르는, 그야말로 술 좋아하는 사람에게는 천국이 따로 없는 축제의 장이다.

여행 기간이 축제 날짜와는 맞지 않아 행사에 참여해볼 수는 없었지만, 실내에서 이루어지는 영국 맥주 축제Great British Beer Festival와 달리 따뜻한 봄날에 야외 잔디밭에서 즐기는 케임브리지 맥주 축제가 뭔가 더 신나고 즐겁지 않을까 하는 생각이 들었다. 굳이 5월이 아니더라도 1월 말에는 케임브리지 윈터 에일 페스티벌Cambridge Winter Ale Festival, 10월 중순에는 케임브리지 옥토버페스트Cambridge Octoberfest가 있으니, 봄, 가을, 겨울에 케임브리지를 여행할 계획이 있다면 이 거대한 맥주 축제의 장을 놓치지 말고 꼭 즐겨보길 바란다.

1.

2.

3.

4.

22ND CAMBRIDGE WINTER ALE FESTIVAL
WEDNESDAY 17–SATURDAY 20 JANUARY 2018

Wednesday	5–10:30PM
Thursday	12–3PM
	5–10:30PM
Friday	12–3PM
	5–10:30PM
Saturday	12–10:30PM

Entry £3 at all sessions, except
free Thursday & Friday lunchtime
Free for CAMRA &
CURAS members
£1 for USC members

Now open on Wednesday

Over 100 real ales, ciders
and foreign beers

Food available at all sessions

University Social Club, Mill Lane, Cambridge
www.cambridgebeerfestival.com

 CambridgeBeerFestival    @cambeerfest #cwaf   CambridgeBeerFestival

CAMPAIGN
FOR
REAL ALE

5.

1. Cambridge Beer Festival
https://www.cambridgebeerfestival.com/
https://beertalk.wordpress.com/tag/cambridge-beer-festival/

2. 케임브리지 비어 페스티벌의 맥주잔들.
GBBF와 마찬가지로 매년 다른 디자인으로 출시되며,
콜렉션으로 다양하게 모으는 것 또한 맥주를 즐기는 또 다른 재미가 될 수 있다.
https://pintsandpubs.wordpress.com/category/cambridge-beer-festival/

3. 이미지 출처 : Cambridge Beer Festival 2008 (35th) - Cambridge 365 wordpress
https://cambridge365.wordpress.com/tag/cambridge-beer-festival-2008/

4. Cambridge Oktoberfest
http://cambridge-oktoberfest.co.uk/

5. Cambridge Winter Ale Festival
https://www.cambridge-camra.org.uk/event/2018-01-winter-ale-festival/

Pale Ale / IPA (India Pale Ale)

앞서 비터 스타일에서도 소개되었듯이, 몰트를 말리는 기술이 발전함에 따라 과거보다 밝은 색 몰트를 사용하게 되면서 비터 계열의 맥주들이 영국식 페일 에일로 불리기도 한다고 언급하였다. 특히 비터 계열 중에서도 몰트 함량이 높아, 알코올 도수가 상대적으로 높은 스트롱 비터가 영국 외 수출용으로 주로 만들어졌는데, 외국에서는 이렇게 수출용으로 만들어진 강하고 진한 스트롱 비터 계열을 흔히 페일 에일로 불렀다.

한편, 인디아 페일 에일^{India Pale Ale}로 불리는 IPA는 우연한 기회에 만들어지게 되었다. 1600년도에 설립된 영국의 동인도회사^{East India Company}는 영국과 인도 및 동인도제도를 오가며 후추를 비롯한 각종 향신료, 커피, 면직물 등을 영국으로 수입하여 막대한 이익을 거두고 있었고, 반대로 영국의 각종 물품들을 인도에 거주하고 있는 유럽사람들에게 일부 수출하기도 하였다. 맥주 또한 수출품목 중 하나였는데, 조지 호지슨^{George Hodgson}이라는 사람이 운영하는 보우 양조장^{Bow Brewery}이 동인도회사에 맥주를 납품하게 되었다. 1752년 당시 보우 양조장은 상당히 작은 양조장이었는데 런던의 템즈강 연안의 블랙월^{Blackwall} 이라는 곳에 위치한 동인도회사 부두와 가까워 맥주를 납품하기 수월하다는 점, 그리고 호지슨이 동인도회사에 18개월 간, 긴 신용한도를 주었다는 점이 동인도회사를 통해 인도로 맥주를 납품할 수 있는 기회를 만들어주었다. 당시에 보우에서 만들던 맥주들, 예를 들면 포터와 같은 검은 계열의 맥주나 옥토버맥주^{October Beer}라고 불리는 가을 시즈널 맥주들이 주로 수출되었는데, 이 옥토버맥주가 IPA의 시초라고 할 수 있다. [1]

당시 가을 수확철에 많은 양의 곡물과 다량의 홉을 넣어 오랜 기간 동안 보존할 수 있는 맥주를 만들었는데, 넓은 토지를 소유한 지주들에게 인기가 많았다. 아무래도 수확하고 남은 곡물들을 처분할 수 있는 또 다른 방법이었기 때문이리라. 이렇게 다량의 곡물이 투입된 옥토버맥주는 상당히 묵직한 질감을 가지며, 도수도 굉장히 높은 편이었으므로 보통은 바로 마시지 않고 2년정도 보관했다가 마시는 편이었다. [2]

이렇게 오랜 기간 보존할 수 있는 용도로 만들어진 옥토버맥주가 배에 실려 약 1년에서, 짧게는 4~6개월간 더운 지방을 오가고, 바다 위에서 굴러다니며 마침내 인도에 도착하게 되었는데, 원래는 약 2년 동안 보관 후 마셔야 할 이 맥주가 불과 4~6개월 정도 만에, 인도에 도착하자마자 뚜껑을 열어보니 바로 마셔도 괜찮을 정도로 상태가 매우 훌륭하였다. 덕분에 인도, 동인도 제도에 살고 있는 유럽사람들에게 폭발적인 인기를 얻으며 수출량이 급격하게 증가하였고, 많은 양의 페일 몰트와 홉을 넣은 수출용 맥주는 인디아 페일 에일 혹은 이스트 인디아 페일 에일^{East India Pale Ale}로 불리기 시작하였다.

---

1 Martyn Cornell, *"Hodgson's brewery, Bow and the Birth of IPA"*, Brewery History, Vol. 111, P.63~P.68

2 이렇게 장기간 보관된 맥주를 올드에일 Old ale이라고 불렀다. 맥주 스타일 소개 올드에일편을 참고 바란다.

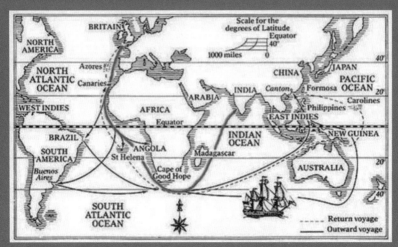

동인도회사를 통한 IPA의 이동 경로

이후, IPA의 엄청난 수출로 계속해서 순탄대로를 걸을 것만 같았던 동인도 회사에도 맥주 확보에 어려움이 닥치게 된다. 동인도회사에 IPA를 납품하던 보우 양조장은 조지 호지슨의 아들 마크^{Mark}를 거쳐, 손자 프레데릭 호지슨 ^{Frederick Hodgson}에게까지 넘어가 가업을 이었는데, 1820년경, 손자 호지슨이 동인도회사에 납품하는 맥주에 가격을 인상함과 동시에 18개월의 신용한도 도 없애버리고, 본인이 직접 인도로 맥주를 수출하기도 하였다. 이로 인해 동 인도회사 대표 의장인 캠벨^{Campbell}은 버튼^{Burton upon Trent}지역에서 양조장을 운영하고 있는 사무엘 알솝^{Samuel Allsopp}을 초대하여 호지슨의 IPA와 같은 맥 주를 만들어줄 것을 요청했다. 마침 러시아에 주로 수출하던 버튼지역의 양 조장들은 러시아정부의 갑작스런 관세 인상으로 수출에 상당한 어려움을 겪 고 있을 무렵이었다. 버튼으로 다시 돌아간 알솝은 호지슨의 맥주를 따라 만 들게 되는데, 우연히도 버튼지역에서 만들어진 IPA는 호지슨으로 대표되는 런던의 IPA들 보다 색상이 더 밝고, 쓴맛이 더 강한 특징을 갖게 되었다. 이는 런던과 버튼지역의 물 성분 차이로 인한 것이었는데, 탄산칼슘 $CaCO_3$이 많은 런던지역의 물에 비해 버튼지역의 물은 황산칼슘 $CaSO_4$을 포함하고 있어 맥아가 당으로 전환될 때 더 많은 당분을 만들어내고, 맥아의 어두운 색깔도 덜 추출된 것이다.[3] 이렇게 물의 성분이 다른 알솝의 IPA는 1823년 처음 인도로 수출되었고, 약 1년만에 호지슨의 맥주보다 더 인기를 얻게 된다.

알솝과 더불어 버튼지역의 또 다른 양조장인 바스Bass 또한 그 당시 알솝만큼이나 인기를 끌던 양조장인데, 알솝은 1900년대 들어서 경영상의 어려움을 겪으면서 역사 속으로 자취를 감추었지만 바스는 여전히 맥주를 생산하고 있다. 한국 마트나 편의점에서도 매우 쉽게 접해볼 수 있는데, 1800년대에 만들어지던 IPA와 완벽히 동일하진 않겠지만 비터, 스트롱 비터 스타일의 바스 에일이 현재 생산되고 있다. 아마도 이제는 바다를 통해 오랜 기간 항해할 필요 없이 비행기를 통해 바로 맥주를 접할 수 있으니 숙성 없이 바로 마실 수 있는 가벼운 스타일로 생산하는 게 아닐까도 싶다.

이렇게 오랜 역사와 함께 탄생하게 된 IPA는 앞서 소개된 것처럼 많은 양의 맥아와 홉을 투입하여 만들어졌기 때문에, 과거 영국에서 유행하던 가벼운 비터와 영국식 페일 에일/스트롱비터에 비해서 더 무게감 있고 강한 쓴 맛을 갖고 있다. 하지만 근래에 유행하게 된 미국발 크래프트 맥주 열풍에 의한 미국식 페일 에일이나 미국식 IPA와는 또 다른 차이가 있어 자주 비교되곤 한다. 1980년대쯤부터 유행하기 시작한 미국식 페일 에일과 IPA는 18~19세기에 만들어

---

3 19세기 후반 이후에는 런던을 비롯한 영국 전역의 양조장들이 페일 에일이나 IPA를 만들 때, 버튼 지역의 IPA와 동일하게 만들기 위해 물에 황을 적절하게 첨가하기 시작하였고, 이러한 작업을 버튼화시킨다Burtonize라고 표현한다.

지던 영국식 에일보다도 더 강렬한 것이 일반적인데, 영국식에 비해 맥아에 의한 특성은 줄이고, 홉의 쌉쌀함과 화사한 아로마를 크게 부각시키는 것이 특징이다. 따라서 현재 주변에서 쉽게 접할 수 있는 미국식 크래프트 맥주에 익숙해진 사람이라면, 영국식 페일 에일과 IPA를 너무 밋밋하고 볼품없다고 저평가하는 경우도 많다. 그렇지만 200~300년이 넘는 세월 동안 사람들의 입맛이 점점 자극적으로 변한 탓도 있겠고, 현대의 미국식 크래프트 맥주에 견주어도 전혀 뒤지지 않는 훌륭한 밸런스의 영국식 전통 에일들도 무척 많이 있지만 아직 그 진가를 찾지 못한 탓도 있겠다. 이런 균형감이야 말로 한 시대를 풍미하며 전세계인들의 입맛을 사로잡던 클래식 에일이 꾸준히 사랑 받는 이유이기도 하다.

- English IPA (India Pale Ale)

알코올 함량	• 5.0 ~ 7.5 %
대표적인 상업 맥주	• 민타임 인디아 페일 에일 Meantime India Pale Ale • 퓰러스 인디아 페일 에일 Fuller's India Pale Ale • 브루클린 이스트 인디아 페일 에일 Brooklyn East India Pale Ale

맥주 스타일 소개
Beer Style Guide 4
Brown Ale

브라운 에일^{Brown Ale}은 영국 맥주의 역사에 있어 상당히 오래된 스타일 중 하나이다. 언제부터 만들어지기 시작했는지 정확히 알기 힘들지만, 최소 800년 이상은 되었다고 알려져 있어, 영국 맥주의 시초라고 봐도 무방할 정도이다. 브라운 에일이라는 단어 또한 1700년대 초반에 포터^{Porter}가 만들어지면서부터 브라운 계열의 맥주를 지칭하기 위해 사용되기 시작하였는데, 그 이전에는 단순히 에일이라는 단어 자체가 그 당시 브라운 계열의 맥주를 의미했을 정도로 1700년대 이전의 영국 맥주는 대부분 짙은 갈색을 띄고 있었다고 볼 수 있다.

이렇게 일반적으로 흔하게 만들어지던 브라운 에일은 그만큼 정형화된 형태도 없이 다양한 알코올 도수와 비중을 가지며 양조되었지만, 앞서 소개되었던 페일 몰트의 등장과 이를 값싸게 만들 수 있는 기술이 도입되면서, 밝은 색 페일 에일에 점차 밀려 1800년대 즈음엔 포터와 스타우트를 만드는데 주로 이용될 뿐이었다.

그러다가 1902년, 만스^{Mann's} 라는 양조장에서 만스 브라운 에일^{Mann's Brown Ale}이라는 상표를 사용하며 브라운 에일은 다시 명맥을 이어가게 된다.

잉글랜드 남부지역 브라운 에일 Southern English Brown Ale 혹은 런던 브라운 에일London Brown Ale로 대표되는 만스 브라운 에일은 그 당시 "런던에서 가장 달콤한 맥주The Sweetest Beer in London" 라는 캐치프레이즈로 큰 인기를 끌며 브라운 에일 시장의 90%를 장악할 정도였다. 하지만 1920년대까지 잠깐 반짝였을 뿐, 브라운 에일의 인기는 사실 그리 오래가지 못하였다. 세계1차대전 발발 이후로 식량 보존을 위한 영국 정부의 압박으로 인해 점점 비중이 낮고 알코올 도수가 낮은, 가벼운 맥주를 만들게 되면서 인기가 사그라진 것이 아닐까 추측된다.

브라운 에일은 몰트에 의한 단맛이 많이 부각되며, 매우 짙은 어두운 색을 띤다. 현재에도 만스 브라운 에일이 소량 생산되기는 하지만, 1900년대 초반에 인기를 끌었던 오리지널 버전과 달리 비중이 많이 낮아져 도수도 상당히 가볍다.

한편, **잉글랜드 북부지역 브라운 에일**Northern English Brown Ale도 그 당시 브라운에일의 인기에 편승하여 널리 만들어지기 시작하였는데, 뉴캐슬 지역Newcastle upon Tyne에서 만들어지던 뉴캐슬 브라운 에일Newcastle Brown Ale이 가장 대표적이다. 남부지역의 어두운 브라운에일에 비해 색이 더 옅어, 짙은 호박색 내지는 붉은 갈색을 띠며, 단맛이 덜하고 홉의 쌉쌀함이 조금 더 부각된다. 몰트에 의한 단맛이 절제되고 견과류의 풍미가 드러난다고 하여, 넛 브라운 에일Nut Brown Ale이라고도 불린다.

영국식 브라운 에일 계열 중 가장 가벼운 스타일에 속하는 **마일드 에일**Mild Ale도 있다. 만들어진 지 얼마 안 된 신선한 브라운 에일을 마일드 에일이라고 불렀는데, 나무 캐스크 통에 오래 보관되면서 나타나는 시큼하고 퀴퀴한 맛이 나는 에일과 구분하기 위해 마일드 에일이라고 불렀지만, 현재는 그 이

름에서 느껴지는 것처럼 질감과 비중이 가볍고 홉의 쓸쓸함이 거의 느껴지
지 않는 부드러운 맥주를 의미하는 용어가 되었다.

- Mild Ale

알코올 함량	• 2.8 ~ 4.5 %
대표적인 상업 맥주	• 뱅크스 마일드 Bank's Mild • 씩스턴 트래디셔널 마일드 Theakston Traditional Mild

- Southern English Brown Ale (London Brown Ale)

알코올 함량	• 2.8 ~ 4.1 %
대표적인 상업 맥주	• 만스 브라운 에일 Mann's Brown Ale • 하비스 블룸즈베리 브라운 에일드 Harveys Bloomsbury Brown Ale

- Northern English Brown Ale (Newcastle Brown Ale)

알코올 함량	• 4.2 ~ 5.4 %
대표적인 상업 맥주	• 뉴캐슬 브라운 에일 Newcastle Brown Ale • 사무엘 스미스 넛 브라운 에일 Samuel Smith's Nut Brown Ale

중세 시대로의 시간 여행,
스코틀랜드 Scotland

- 에든버러 문학 펍 투어 Edinburgh Literary Pub Tour

  ** 스코틀랜드 전통 에일 대표 브랜드 (Scottish Classic Ales)

- 스코틀랜드 맥주 Scotch ale / Scottish Ale 이야기

  ** 허브 맥주 Historical Beer – Gruit Beer
  ** 맥주 스타일 소개 Beer Style Guide 5
     Scottish Ale / Scotch Ale

- 올드 시티 Old City, 올드 에일 Old Ale

  ** 맥주 스타일 소개 Beer Style Guide 6
     Barely Wine / Old Ale

에든버러 문학 펍 투어
Edinburgh Literary Pub Tour

느지막한 오후, 기차는 에든버러 웨이버리^{Waverley}역에 도착하였다. 맥주로 가득 차 있는 무거운 짐을 낑낑대며 바깥으로 나오자, 활기에 찬 거리가 눈에 들어온다. 저 멀리 보이는 고풍스러운 건축들, 대관람차와 잔디밭에서 뛰노는 아이들, 적당히 붐비는 거리에 밝은 웃음이 넘치는 사람들. 그렇다. 지금 이곳은 1년에 한 번씩 열리는 세계적인 축제, 에든버러 프린지 페스티벌 Edinburgh Festival Fringe이 열리는 곳이다. 맥주도 맥주지만, 이왕 다른 나라를

가는 거 그 나라의 유명 축제 기간에 가면 휠씬 그곳의 분위기를 제대로 느낄 수 있지 않을까 하는 생각에 조금 더 비싼 비행기 값과 숙소 값을 지불하고서라도 이렇게 이곳, 에든버러 축제의 현장에 왔다는 사실이 감격스러웠다. 막상 에든버러에 와보니 축제는 거의 1년 내내 열리는 듯하지만 말이다. 그중에서도 대중들에게 가장 잘 알려진 것이 이 프린지 페스티벌이 아닐까 싶다. 원래는 유명 예술 축제인 에든버러 인터내셔널 페스티벌Edinburgh International Festival에 초대받지 못한 8곳의 예술 극단들이 축제장 변두리의 소규모 공간을 극장으로 개조해 공연을 펼친 것이 계기가 되어, 지금은 세계에서 가장 큰 예술 축제로 유명해지게 되었다. '변두리'라는 뜻의 단어 '프린지'에서 알 수 있듯이, 지금은 많은 단체들이 에든버러 길거리 곳곳에서 소규모 공연들을 선보이

기 때문에 굳이 어느 공연을 보기 위해 들어가지 않더라도 온 동네 거리에서 축제의 느낌을 휠씬 즐길 수 있다.

　그렇지만 이런 흥겨운 풍경도 잠시, 나는 이 무거운 짐들을 숙소에 집어던져버리고 얼른 서둘러 가야 할 곳이 있었다. 그것은 다름아닌 에든버러 문

학 펍 투어^{Edinburgh Literary Pub Tour}. 이름만 들어도 무척이나 고풍스럽고 재미있을 것 같지 않은가? 중세시대를 그대로 옮겨놓은 듯한 이 아름다운 도시에서, 마을 골목골목을 누비며 과거의 문학 거장들이 즐겨 찾던 맥주 펍을 따라 그들의 이야기를 전해 듣는다는 것이 생각만으로도 너무 설레고 흥분되었다.

축제 기간 동안 꽤나 올라버린 숙박 가격 덕분에 관광지에서 조금 떨어진 곳에 자리를 잡았더니, 숙소를 찾는 것은 여간 어려운 일이 아니었다. 한참을 찾아 헤매느라 길거리에서 시간을 꽤 많이 소비한 탓에 투어를 참여하러 가는 길은 어쩔 수 없이 택시를 타기로 했다. 영국에서는 택시비도 살인적이라던데, 괜히 긴장을 하면서 영국의 명물 블랙 캡^{Black cab}도 처음으로 타보게 되었다.

"그라스마켓 ^{Grassmarket}으로 가주세요."

런던에 비해 이곳 스코틀랜드에서 흔치 않은 동양인이 신기했는지 운전기사 아저씨는 연신 신이나 내게 이런 저런 설명을 해주신다.

"그라스마켓 주변에는 오래되고 훌륭한 펍들이 참 많아. 맥주 좋아하니? 시간되면 꼭 주변 펍들을 들러보렴."

내가 투어에 참여하기 위해 가려는 곳이 오래된 펍들이 즐비해 있는 구시가지인 듯 하다.

"그럼요 아저씨, 저 맥주 마시려고 한국에서 비행기 13시간, 기차 9시간 타고 왔어요. 고마워요!"

투어 시작은 저녁 7시 30분. 아슬아슬하게 2~3분 늦었지만, 입구에 친절한 할머니께서 얼른 안으로 들어가라며 길을 안내해준다. 자리에 앉아 이런저런 설명을 듣고는 잠시 음료 한잔 시킬 수 있는 시간이 주어졌다. 너무 허겁지겁 들어와서 아직 정신이 없던 터라 무슨 맥주를 시켰는지조차 잘 기억이 나질 않지만(사진조차 찍지 못한걸 보면...) 그렇게 특별한 것은 없었던 것 같고, 스코틀랜드라면 어디서든 흔하게 접할 수 있는 테넌츠Tennent's나 스튜어트Stewart's 중 하나였으리라. 다시 한참 재미나게 이야기를 듣고 있는데, 중간에 웬 관객 하나가 난데없이 나타나 진행자에게 무언가를 막 따지며 열

띤 논쟁이 시작되었다. 아마도 문학가들에 대한 얘기 중 논쟁이 될만한 소재였던 것 같은데, 나는 적잖이 당황을 했었다. 영화 해리포터에 나오는 여주인공 헤르미온느가 생각날 정도로 관객석에 앉아 매우 열성적으로 논쟁을 한참 벌였는데, 나중에 지나고 보니 상당히 재미있는 상황이었다. 나 말고도 몇몇 관객들도 당황을 했었는지, 다른 펍으로 이동하면서 사람들끼리 이런저런 얘기들도 나누고 재미난 경험이었다. 자세한 얘기는 행여나 추후에 이 투어에 참여하게 될지도 모를 독자들을 위해 생략하기로 한다.

해가 뉘엿뉘엿 저물어가는 저녁, 좁다란 골목을 누비며 고풍스러운 펍들을 둘러본다는 것은 정말이지, 에든버러 역에 도착한 순간부터 전혀 새로운 세상으로 시간여행을 와 있는 듯한 착각이 들게 하였다. 개인적으로 아주 좋아하는 영화 중 하나인 미드나잇 인 파리^{Midnight in Paris}의 주인공이 된 느낌이랄까? 맥주도 몇 잔 들어갔겠다, 굉장히 몽환적인 기분으로 이곳이 어딘지 전혀 알 수 없는 골목길을 돌아다니며 '저 모퉁이 뒤로는 무엇이 펼쳐져 있을까', '나는 어디로 빨려 들어가고 있는 것일까' 하는 생각마저 들었다.

투어의 참가자들은 잉글랜드나 아일랜드 혹은 네덜란드, 독일 등 대부분 유럽에서 온 사람들로, 한 두 팀의 젊은 친구들을 빼면 나이가 있는 부부들이 주였다. 한 노부부는 혼자 있는 나에게 어디서 왔는지, 투어는 재미있는지, 내용은 알아들을 만 한지 이런저런 말을 걸어왔다. 아무래도 스코틀랜드 방언 및 고어들이 꽤 있는 터라 생각보다 알아듣기가 쉽지 않았지만 친절한 할

머니께서 따로 설명을 해주시기도 하고, 맛난 맥주도 몇 잔 들어가고 나니 시간가는 줄도 모른 채 금새 투어가 끝이 났다. 약 한 시간 반정도의 투어를 마치고서 이대로 귀가를 하기엔 이 도시가 너무도 아름다워 근처에 보이는 북적거리는 펍에 잠시 들러 간단히 맥주 한잔 더 맛보기로 하였다. 꽤나 늦은 시간이었지만 펍은 발 디딜 틈이 없을 정도로 성업 중이었고 나는 바 테이블에 기대어 이곳 사람들의 행복한 표정을 구경하고 있었다. 선선한 바람 불어오니 숙소로 돌아가는 길은 천천히 걸으며 이 도시의 분위기를 더 흠뻑 느끼기에 아주 그만이었다. 그렇게 에든버러에서의 첫날 밤은 지나가고 있었다.

어딘지 알 수 없는 골목을 누비다 보면, 이렇게 새로운 시각으로 도시를 바라 볼 수 있다. 앤티크한 느낌의 간판과 고색이 창연한 건물들이 아름다운 조화를 이룬다.

미로 같던 골목을 따라가다 보면, 어느 샌가 조그마한 공터가 나온다. 중앙에 위치한 노란 가로등 아래 두 주인공이 대사를 읊으며 보이는 간이 연극은, 그 옛날에도 이곳에서 사람들이 옹기종기 모여 작은 공연들을 펼치며 즐거운 시절을 보내지 않았을까 하는 생각이 들게 만든다.

문학 펍 투어에서 들린 여러 펍 중 하나. 비밀스러운 지하 술 저장고에 들어온 듯한 분위기가 마치 남들은 모르는 특별한 장소에 들어온 것만 같은 기분을 선사해 준다.

Tempest Brewing의 Elemental Dark Ale. 2010년도에 생겨난 스코틀랜드 크래프트 양조장. 꽤나 실력 있는 양조장으로서, 젊은 사람들뿐만 아니라 이곳 스코틀랜드에서는 나이 지긋한 분들도 부담 없이 즐길 만큼 균형감이 매우 뛰어나다.

영국에 맥주 마시러 가자

투어가 끝나고 근처에서 들린 펍. 매우 앤티크한 느낌이 든다.

스코틀랜드는 맥주를 만들어온 지 약 5천 년이 되었을 만큼 양조 역사가 깊은 나라이다. 맥주에 홉 대신 다양한 허브를 사용하는 켈트 족의 전통 방식대로 만든 맥주가 가장 오랫동안 명맥이 이어져온 곳이기도 하다. 1840년대만 해도 스코틀랜드의 양조장 수는 약 280개나 되었는데, 불행히도 20세기에 들어서는 그 수가 급격히 감소했다. 철도의 발달로 영국의 도시에서 만들어지는 인기 있는 맥주들이 스코틀랜드의 시골까지 퍼지기 시작하였고, 작은 양조장들이 합병되고 폐쇄되면서 남은 양조장들은 대부분 대기업의 형태로 운영되기 시작하였다. 1910년도에 92개나 존재하던 스코틀랜드 전체 양조장 수는 40년대에 들어서 36개만 남게 되고, 1970년대에는 심지어 11개밖에 남지 않는 상황이 되었다.[1] 21세기에 들어서 크래프트 맥주의 유행과 더불어 전통 방식의 양조법을 살리려는 노력 등으로 인해 스코틀랜드의 맥주 산업은 다시 활기를 띄고 있지만, 오랜 전통의 양조장이 거의 남아있지 않다는 것은 한편으로는 매우 안타까운 일이기도 하다.

---

1 Neil Spake, "A Brief History Of Scottish Brewing", 2004~2016, Scottish Brewing.com

❶ 매큐언 McEwan's

에든버러의 파운틴브릿지Fountainbridge에서 1856년,
윌리엄 매큐언William McEwan에 의해 파운틴 양조장Foun-
tain Brewery이라는 이름으로 처음 설립되었다. 네덜란드
의 유명화가 프란스 할스Frans Hals의 '웃고 있는 기사The
Laughing Cavalier'와 비슷한 마스코트로 잘 알려져 있다.
위 헤비Wee Heavy 스타일인 8.0% 도수의 스카치에일Mc-
Ewan's Scotch Ale이 가장 유명하고 접하기 쉽다.

❷ 칼레도니안 Caledonian

1869년에 에든버러, 쉔던Shandon이라는 곳에 설립되었다. 매큐언과 더불
어 스코틀랜드에서 가장 대중적인 맥주 브랜드이다. 듀카스 IPADeuchars IPA
와 헤비Heavy 스타일인 에든버러 캐슬Edinburgh Castle (Caledonian 80/- 에서 최근 이름
이 바뀌었다)이 가장 유명하다.

❸   벨헤이븐 Belhaven

에든버러에서 동쪽으로 약 50km 떨어진 던바어^{Dunbar}라는 항구도시의 벨헤이븐 마을에 위치해 있는 양조장이다. 1719년에 설립되었으며 현재는 그린킹에 소속되어 있다. 스코티쉬 에일이 유명하며, 가장 많이 팔리는 제품은 벨헤이븐 베스트^{Belhaven Best}이다. 오랜 전통에도 불구하고 최근에는 크래프트 맥주와 같은 실험적인 맥주도 선보이고 있으며, 스코틀랜드 스타일의 맥주를 다양하게 보유하고 있어 이것저것 시도해보기 좋다.

❹   고든 파이니스트 Gordon Finest

스코틀랜드 국화인 엉겅퀴^{thistle}와 타탄^{Tartan}체크무늬가 돋보이는 고든 파이니스트는 벨기에 수출용으로 만들어지는 스코틀랜드 스타일의 맥주들이다. 1924년에 처음 생산된 고든 파이니스트 스카치에일^{Gordon Finest Scotch Ale}은 영국인 마스터 양조가 존 마틴^{John Martin}에 의해 탄생했다. 그는 영국에서 태어났지만 벨기에에 정착하였고 기네스, 바스와 같은 영국, 아일랜드 맥주를 벨기에로 수입하며, 몇몇 양조장도 인수하여 운영해오고 있다. 고든 파이니스트 시리즈는 에든버러의 스코티쉬 앤 뉴캐슬^{Scottish & Newcastle}에서 생산되지만 벨기에 회사인 존 마틴^{John Marin}에 의해 유통되고 다시 전세계로 수출되기 때문에, 영국에서 이를 발견한다면 벨기에 상품이라고 적혀있는 것을 볼 수 있는 재미있는 맥주이다.

스코틀랜드 맥주
Scotch Ale / Scottish Ale 이야기

스코틀랜드 여행의 2일차. 첫날은 오후 늦게 에든버러에 도착하여 저녁에 잠시 에든버러를 살짝 맛보았다면, 둘째 날은 제대로 스코틀랜드 식·음료 문화를 즐겨보기로 하였다. 아침에는 소설 해리포터의 작가로 유명한 조앤 롤링이 방문했다는 엘리펀트 하우스^{The Elephant House}에서 모닝 커피와 베이컨, 소시지, 구운 토마토를 곁들인 해기스^{Haggis} – 양의 내장으로 만든 스코틀랜드 음식 – 를 브런치 메뉴로 맛보았는데, 여행 준비를 하면서 미리 찾아보았던 상당히 역겨운 비주얼에 비하면 다행히도 큰 거부감은 없었다. 맛은 우리나라의 순대와 상당히 비슷하다고나 할까? 배고픈 아침에 간단히 즐기려

던 음식치고는 단백질도 충분히 섭취하고 매우 만족스러운 메뉴 선택이었다. 피쉬 앤 칩스를 처음 맛보았을 때와 마찬가지로, 영국 음식은 세계 최악이라는 말은 정말 나에게 해당되지 않음을 또 한번 느낀 식사였다.

소화도 시킬 겸 돌아다니다가 관광객 모드로 에든버러 성에 올라 아름다운 도시의 전경도 바라보고 그 다음으로 들른 곳은 스카치 위스키 익스피리언스^{The Scotch Whisky Experience}. 아무리 여행의 주 목적이 맥주라지만, 스코틀랜드까지 왔는데 위스키 한잔 안 마셔 보는 건 말

이 안되지 않겠는가. 맥주 양조장을 방문하듯이 위스키 증류소도 직접 방문하여 오랜 세월 동안 전해져 내려오는 그들만의 방식과 천혜의 자연환경을 함께 보고 느끼며 위스키를 즐기고 싶었으나, 현실은 위스키 증류소 대부분이 대중교통으로는 쉽게 도달할 수 없는 곳에 위치해 있다는 걸 여행 준비를 하며 깨달았다. 아쉽지만 에든버러에서 관광객들로 가장 붐비는 거리에 위치한 이곳 스카치 위스키 체험장을 방문하는 것이 짧은 직장인의 휴가로선 최선이겠거니 하며 대리만족 하기로 하였다. 아무래도 스코틀랜드를 영국 여행에 며칠 붙여서 올 것이 아니라 위스키 투어만을 위한 계획을 따로 한번 해야 되는 것 아닌가 하는 생각마저 든다.

어쨌든 아쉬운 마음은 뒤로하고 미리 예약한 티켓을 보여주고 설레는 기

분으로 체험장으로 입장, 입구는 마치 어린
이 놀이공원에 온 것 마냥 작은 놀이기구를
타고 투어를 시작하게끔 되어 있었다. 기구
를 타고 한 바퀴 돌며 재미는 없지만 짧은 영
상을 잠시 보고 내리면 작은 세미나실 같은
방을 마주하게 된다. 한쪽에 마련된 좌석과
테이블에는 인원수에 맞게끔 위스키 테이스
팅 잔이 준비되어 있었고, 스코틀랜드를 대
표하는 위스키 생산지역 4곳이 색깔 별로 표
시된 종이가 함께 놓여져 있었다.

이내 투어 진행자가 나타나 아일레이^{Islay},
스페이사이드^{Speyside}, 로우랜드^{Lowland} 그
리고 하일랜드^{Highland} 지역 위스키들의 각
특징들을 하나하나 설명하곤, 감질날 만큼
소량의 위스키를 조금씩 따라주며 음미할
수 있는 시간이 주어진다. 이렇게 지역마다
특색이 어떻게 다른지 설명을 들으면서 바
로 맛과 향을 비교해보고 있자니 무언가 굉
장히 알찬 시간을 보내고 있는 것만 같은 느
낌이 들었다.

기념품 샵에서 한참을 구경하며 발걸음을 떼지 못하고 있는 사이 슬슬 허
기가 찾아왔다. '분명 근처 어딘가 스코틀랜드 음식과 위스키를 즐길 수 있
는 곳이 있다고 했는데...' 하며 두리번거리다 눈에 들어온 곳, 앰버 레스토랑

Amber Restaurant. 위스키 체험장에서 바로 연결되어 있어 투어를 마치고 간단히 요기를 하기에 그만이다.

적당한 곳에 자리를 잡고 메뉴를 건네 받았다. 간단한 음식을 고르고 주류 메뉴는 정독을 하였다. 위스키 체험장과 연결되어 있는 레스토랑이라 그런지 이곳에서도 다양한 위스키들을 잔으로 주문하여 여러 가지 시음을 해볼 수 있는 메뉴가 있었는데, 이미 앞서 몇 잔을 마신 터라 도수가 센 위스키를 더 마시기엔 부담스러워 맥주 메뉴로 눈을 돌렸다. 지난 밤 둘러보았던 몇몇 펍과 달리 처음 보는 맥주들이 눈에 들어왔다.

헤더 에일Heather Ale. 헤더라고 불리는 야생 꽃을 첨가하여 만든 맥주다. 헤더는 맥주의 주 원료 중, 방부 역할을 하고 다양한 풍미를 내는 홉이라는 식물이 발견되기 훨씬 이전부터 맥주에 향미를 첨가하기 위해 사용되던 야생 꽃들 중 하나이다. 히스 꽃 혹은 학명 그대로 칼루나^{Calluna Vulgaris}라고도 불리며 일부 아시아 지역과 유럽, 특히 북유럽에서 많이 보인다. 꽃은 6월~9월 사이에 개화하며 스칸디나비아와 스코틀랜드에서는 헤더 꽃에서 꿀을 채취해 설탕 대신 단맛을 내는데 사용하곤 했다고 한다. 홉이 발견되어 유럽 전역으로 널리 퍼지기 시작한 13세기 이전에는 이렇게 주변에서 발견되는 야생 꽃이나 허브들을 주로 맥주의 첨가제로 사용하곤 했는데, 이들을 가리켜 그루트 맥주^{Gruit Beer}라고 부른다. 헤더 에일은 다양한 그루트 맥주 중 헤더 꽃을 사용한 한 종류라고 보면 된다. 어쨌든 이 헤더 에일이 보다 특별한 이유는 홉이 널리 대중화되면서 현재는 거의 찾아볼 수 없는 맥주가 되었기 때문이다.

이러한 역사적인 맥주를 발견하게 되다니, 흥분을 감출 수가 없었다. 심지어 헤더 에일은 그루트 맥주들 중에서도 역사가 굉장히 오래되었는데, 스코틀랜드에서는 기원전 600년경부터 만들어졌던 맥주로 알려져 있다. (헤더를 이용한 최초의 맥주는 기원전 2000년 전으로 추정되고 있으며 기원전 600년경 켈트족이 스코틀랜드에 정착하면서 전해진 것으로 알려져 있다) 물론 이 맥주가 기원전 600년경부터 현재까지 계속 만들어지던 맥주는 아니다. 스코틀랜드의 윌리암 브라더스^{Williams Brothers Brewing Co.} 라는 양조장에서 생산된 Fraoch(스코틀랜드 게일어로 헤더를 뜻함)라는 헤더 에일은 1988년, 우연한 기회로 탄생하게 된다.

브루스 윌리엄스$^{Bruce\ Williams}$는 글래스고^{Glasgow}에서 홈 브루잉$^{home\ brew-}$ ^{ing} 재료 및 장비를 판매하는 가게를 운영 중이었는데, 어느 날 게일 민족의 후손인 한 여성이 집안대대로 전해 내려오는 'Leanne Fraoch'라는 레시피를 들고 찾아온다. 몇 세대를 거쳐 내려오는 이 양조법을 재 탄생시키는 것이 그녀의 작은 소망이라면서 말이다. 브루스는 양조법을 토대로 다양한 실험 끝에 마침내 Fraoch를 탄생시킨다. 초기에 만든 5배럴$^{Barrel(1\ barrel\ =\ 약\ 120\ liter)}$ 은 엄청난 관심에 힘입어 금새 동이나 버리고, 그의 형제 스캇^{Scott}과 팀을 이뤄 연중생산이 가능하도록 사업을 시작하게 된다.

그 이후로 윌리엄 양조장은 8~13세기경 바이킹에 의해 스코틀랜드에 소개된 소나무 잎 맥주, 16세기 수도사들에 의해 전해진 구즈베리 맥주와 같은 다양한 역사적인 맥주들을 재현해냄에 따라 그들만의 정체성을 드러내며 현재까지 명맥을 이어오고 있다.

1988년 상업용 헤더 에일 개발 직후 판매
홍보용으로 만들어졌던 광고지
이미지 출처 : https://www.williams-
brosbrew.com

주문한 음식이 나오기 전에 맥주가 먼저 서빙되어 가볍게 한 잔 따라본다. 밝지만 조금은 탁한 노란색에 흰 거품이 얇게 깔렸다가 금방 사라진다. 은은한 꽃 향기와 함께 허브 및 나무 향이 아주 살짝 느껴진다. 맥아에 의한 달콤함도 약하게 베이스로 깔려있는 듯 하다. 전체적으로 향이 강렬하지 않으면서도, 생각보다 꽤 풍부함이 느껴진다.

곧바로 한 모금 시음. 보리 맥아에서 느껴지는 단맛과 노릇한 빵의 느낌, 쌉쌀한 풀 맛 같으면서도 알싸하게 퍼지는 상쾌한 허브의 느낌이 입안 가득 느껴진다. 히스 꽃이 어떤 식물인지 실제로 접해본 적은 없지만 마치 사람 손 길이 잘 닿지 않는 스코틀랜드의 드넓은 초원에서 진귀한 약초를 발견한 듯한 느낌이랄까? 아무래도 고대부터 전해 내려

오는 양조법이라는 타이틀이 더 그러한 인상을 갖게끔 한 것 같다. 끝 맛에서는 벌꿀 같은 달콤함이 꽤 농후하게 느껴지며 긴 여운을 남긴다. 전체적으로 질감은 굉장히 가벼워 자꾸만 한 모금, 두 모금 손이 가게끔 만드는 묘한 매력을 가진 맥주인 듯 하다.

곧 이어 주문한 쇠고기 스튜가 나왔다. 맥주와 함께 곁들이며 가벼운 식사로 잠시나마 여유를 즐기기 아주 그만이었던 엠버 레스토랑. 에든버러에서의 나른한 오후가 흘러가고 있었다.

허브 맥주
Historical Beer – Gruit Beer

비어벨트^{Beer Belt}. 전통적으로 훌륭한 맥주들을 만들어 오며, 맥주를 주 음료로 소비하는 나라들을 연결한, 보이지 않는 거대한 지역. 이 맥주 국가 벨트는 알고 보면, 맥주 생산의 주 원료인 보리와 홉^{Hop}이 재배되기 좋은 기후를 가진 국가들로 이루어진 것을 알 수 있다. 그중에서도 홉은 비옥한 토양, 일정 온도(여름평균 16~18℃)와 습한 기후(연중 강수량 약 300mm)를 좋아하는데, 북유럽과 같이 추운 지역에서는 홉의 생산이 어렵다.
(적정 위도 : 북위 35~41도, 남위 34~43도)

████ Beer Belt

맥주 전체의 역사에 있어 홉이 사용된 시기는 생각보다 그리 오래지 않은데, 문헌상 홉의 첫 재배는 서기 736년 독일의 할러타우[Hallertau] 지방에서 이루어졌으며[1], 맥주 양조에 사용된 것은 1079년으로 알려져 있다.[2] 또한 13세기나 되어서야 홉의 사용이 다른 유럽 국가로 퍼져나가기 시작하였는데, 영국에서는 1400년경에 처음으로 네덜란드 상인에 의해 홉이 들어간 맥주가 수입 되었고, 1524년에 켄트[Kent]지역에서 첫 재배가 이루어졌다.[3]

곡물이 재배되면서 역사를 함께하는 발효주는 기원전 약 6~7000년경에 처음 만들어진 것으로 보여지는데,(보리가 사용된 맥주는 기원전 1900년경)[4] 홉의 사용이 이렇게 중세시대나 되어서야 유럽 전역으로 대중화가 되었다면, 그 이전에는 어떻게 맥주에 다양한 풍미를 낼 수 있었을까?

홉 Hops (Humulus Lupulus),
출처 : Wikimedia Commons by Dr. Hagen Graebner

1 Ian Hornsey, Brewing, P.58

2 H.S Corran (1975), History of Brewing, David and Charles PLC, P.303 ISBN 0715367358

3 Peter Tenn, "A Brief History of the Hop Industry in Kent", The Brewery History Society, No. 118, Spring 2005, P.21~26

4 서양 중심의 역사에서는 보리가 사용된 맥주는 수메르인에 의한 문헌을 토대로 3900년전을 공식 기록으로 보고 있으나, 실제 중국에서 발견된 항아리속의 잔여물에서 보리와 다른 곡물들이 함께 발효된 맥주 성분이 분석되었다. 이는 약 5400~4900년 전에 만들어진 것으로 보인다고 한다. Jiajing Wang, Li Liu, Terry Ball, Linjie Yu, Yuanqing Li, and Fulai Xing (23 May 2016), "Revealing a 5,000-y-old beer recipe in China", Proceedings of the National Academy of Sciences.

닌카시 여신상, 고대 수메르 신화에 나오는 맥
주와 양조의 수호여신

들버드나무^{Sweetgale}, 쑥^{Mugwort}, 서양톱풀^{Yarrow}, 병꽃풀^{Ground Ivy}, 박하^{Hore-}^{hound}, 히스 꽃^{Heather}과 같은 야생 풀들의 조합을 **그루트**^{Gruit}라고 하는데 우리나라에선 익숙하지 않은 유럽 대륙의 야생 허브들로, 이들을 이용하여 만들어진 맥주를 그루트 맥주라고 한다. 홉이 맥주에 사용되기 이전에 주로 쓰였으며, 맥주에 쓴맛과 풍미를 더하는데 사용되었다. 야생 꽃이라고 하면 어디서든 쉽게 구해서 맥주를 만들 수 있을 것으로 보이지만, 사실 지방 정부들은 맥주에 대한 세금을 거두기 위해 그루트 거래를 독점하고 여기에 엄청난 세금을 매겼다. 이에 따라 상대적으로 가격이 저렴한 홉이 그루트를 대체해 맥주 양조에 사용되기 시작했으며, 풍부한 향과 맛을 내는 것은 물론이고 홉이 맥주를 오랜 기간 보존해준다는 사실이 알려지면서 홉은 유럽 전역과 영국까지 수출되며 급속도로 퍼지기 시작하였다.

더불어 1516년에는 독일에서 맥주순수령^{Reinheitsgebot}이 선포되었는데, 이는 맥아, 홉, 물 3가지의 원료로만 맥주를 만들 것을 강요하였다. 그 이전에는 간혹 맥주에 상상도 할 수 없는 기괴한 재료들이 들어가는 경우도 많았다고 하는데, 맥주순수령에 의해 사람들은 안전한 마실 거리를 보장 받게 되었으나, 한편으로는 맥주의 다양성이 많이 사라진 계기가 되기도 하였다.

독일의 맥주순수령. 사실 맥주순수령이 채택된 1516년에는 맥아, 홉, 물 3가지만 명시되어 있었다. 효모의 첫 발견이 1680년도였으니, 효모의 명기는 그 이후에 이루어진 셈이다. (고수^{Coriander}, 월계수 잎^{Bay leaf}, 밀^{Wheat}도 이후에 추가된 재료들이다)
이미지 출처 : http://www.reinheitsgebot.de

이러한 이유들로 인해 현재는 홉이 들어가지 않은 맥주는 상상하기도 어려울 정도가 되었으며 홉의 강력한 기능 때문에 이를 대체할 만한 식물이 현재는 없다고 해도 과언이 아니다. 다만 최근에는 실험적인 시도를 다양하게 하는 크래프트 맥주의 유행과 함께, 1990년대부터 일부 양조가들이 이러한 역사적인 야생 허브 맥주를 복원하는데 관심을 갖기 시작하였다. 그중에서도 야생 히스 꽃^{Heather}이 들어간 스코틀랜드의 헤더 에일^{Heather Ale}과 주니퍼 베리^{Juniper Berry}가 들어간 핀란드의 사티^{Sahti}와 같은 스타일들이 몇몇 양조장들에 의해 대중들에게도 점차 알려지기 시작하였다.

현재도 여전히 전통 양조법을 토대로 만든 맥주를 구하기란 쉽지 않지만, 유럽 지역을 구석구석 여행한다면 레스토랑이나 맥주 가게에 가서 두 눈 크게 뜨고 메뉴판을 정독해보길 바란다. 혹시나 운 좋게 희귀한 맥주를 발견하게 될지 누가 알겠는가.

Sweetgale / Mugwort (이미지 출처 : Wikimedia Commons)

Yarrow / Ground Ivy (이미지 출처 : Wikimedia Commons)

Horehound / Heather (이미지 출처 : Wikimedia Commons)

아름다운 경치를 자랑하는 에든버러 성도 구경하고 그 앞으로 펼쳐진 여행자 거리 같은 로얄 마일^{Royal Mile}의 다양한 상점도 구경을 하다가, 저녁에 예약해둔 공연까지 시간이 많이 남아 근처에 있는 또 다른 펍을 하나 방문해 보기로 하였다.

여행을 떠나기 전, 에든버러가 고향이라는 스코틀랜드 친구가 몇몇 펍들을 추천해주었는데 에든버러 성에서 멀지 않은 곳에 위치한 보우 바^{Bow bar}는 접근성이 매우 좋으면서도 로얄 마일 거리 뒤편에 위치하고 있어, 여행자들보다는 현지 사람들이 많이 찾는 곳인 듯 했다.

보우 바 The Bow Bar

휴양지의 푸른 바다를 떠
올리게 하는 짙은 파란색의
가게는 마치 해리포터의 마
법지팡이를 팔 것 같이 비현
실적으로 다가와, 하마터면
아무 생각 없이 지나칠 뻔 했
다. '이렇게 예쁘게 칠해놓은
가게는 뭐 하는 곳이지?' 하
며 간판을 향해 올려다보고

나서야 이곳이 내가 가려고 찾던 펍이구나 하고 발걸음을 멈추었다. 조용한 낮의 한산한 거리와는 달리, 문을 열고 들어서자 정말로 해리포터에서 나오는 마법의 거리 '다이애건 앨리'로 빨려 들어온 것 마냥 수 많은 사람들이 북적이며 전혀 다른 세상을 만들어 내고 있었다. 클래식 에일들과 크래프트 맥주들을 모두 취급하며, 젊은 사람, 나이든 손님 가릴 것 없이 무척이나 붐비는 이곳은 마치 세대와 세대간의 만남이 이루어지는 곳 같았다.

발 디딜 틈 없을 정도로 비좁은 바 자리를 헤집고 들어가 첫 번째로 주문한 메뉴는 에일케미^{Alechemy} 양조장의 보헤미아 페일 에일^{Bowhemia Pale}. 주문할

땐 몰랐는데 나중에 찾아보니 이곳 보우 바^{Bow bar}만의 자체 맥주였다. 에일 케미 또한 꽤 알려진 스코틀랜드 크래프트 양조장인데, 보우 바에서 위탁양조를 하여 이곳에서만 맛볼 수 있는 메뉴이다.

매우 투명한 노란 금빛 색에 얇은 거품 헤드가 노닉^(Nonic/Nonik) 1 잔에 예쁘게 따라져 나왔다. 향은 매우 가벼워서 과실 향이나 새콤한 감귤 향이 은은하게 감지된다. 맛 또한 레몬, 감귤향이 지배적이었는데, 질감 자체도 매우 가볍고 맛이 풍부하게 나는 편은 아니었다. 비스킷이나 빵과 같은 맥아에서 가져오는 맛 또한 기본적으로 약하게 깔려있었다. 그렇게 인상적인 맥주는 아니었지만, 더운 여름, 가게에 들어오자마자 시원하게 목을 축이는 한 잔으로는 적당하였다. 아마도 이곳에서 판매하는 스카치 위스키들과 곁들이며 체이서^{Chaser} 2 로 마시기엔 이렇게 가벼운 맥주가 아주 좋을 듯도 싶다. 이름에서 유추할 수 있듯이 보헤미안 지역(체코)의 필스너 혹은 가벼운 페일 라거 스타일을 떠올리게 하는 아주 마시기 편한 그런 맥주였다.

한 두잔 마시다 보니 자연스레 다른 사람들과 이야기도 하게 되었다. 혼자 여행 온 내 나이 또래의 영국 청년과 잠시 말을 섞게 되었는데, 영국 시골 소년의 순박함이 묻어나는 이 친구는 멀리 이국에서 혼자 맥주 여행을 하고 있는 나를 굉장히 신기해하는 듯 했다. 이런저런 얘기를 하며 서로 주문한 맥주

---

1 노닉 파인트 잔^(Nonic pint) : Albert Pick 社의 Hugo Pick이라는 사람이 고안하였으며, 세계2차대전 이후로 영국에서 큰 인기를 끌었다. 유리잔의 목 부분이 튀어나와 있으며, 손에 쥐었을 때 잔이 미끄러지는 것을 방지하고, 여러 잔을 모아두었을 때, 유리잔 테^(Rim)가 깨지는 것을 방지한다.

2 체이서^{Chaser} : 강한 알코올 음료 (위스키, 보드카, 데킬라 등)를 마시고 나서 가볍게 마시는 또 다른 알코올 음료 혹은 물을 말한다. 반대의 경우로 맥주와 같은 가벼운 음료를 마시고 강한 술을 마시는 경우도 있고 이럴 땐 뒤에 마시는 강한 술이 체이서가 된다.

를 나눠 마시기도 하고 혼자 여행하는 서로의 처지를 응원하며, 남은 여행에 행운을 빌어주기도 하였다.

잉글랜드와 스코틀랜드의 현대 크래프트 맥주들 몇 가지를 간단히 맛보고서는, 이번에는 조금 다른 스타일로 시도를 해보기로 하였다. 가벼운 맥주들로 목을 축이고 나서 다음으로 시도한 맥주는 상당히 무거운 스타일인 스코틀랜드의 헤비^{Heavy} 스타일. 이름만 보아도 상당히 육중한 무게감이 느껴진다. 탭 핸들에 전통 스코틀랜드식 헤비^{Classic Scottish Heavy}라고 쓰여 있는 스튜어트^{Stewart} 양조장의 스튜어트 80 실링^{Stewart's 80/-} 이라는 맥주이다. 맥주 이름에 붙은 '/-' 표시는 어떻게 읽는 것인고 하니, 실링^{Shilling}이라 한다.

실링은 1971년도까지 영국에서 사용되던 화폐 단위인데, 현재 통용되는 1파운드에 20실링이라고 보면 된다. 실링보다 더 작은 화폐 단위가 페니 (Penny, 단수) 혹은 펜스 (Pence, 복수)인데, 1 실링은 12펜스. 즉, 1파운드는 20실링이고 펜스로는 240 펜스가 되는 셈이다 (1£ = 20s = 240d). s기호로 사용되던 실링은 ∫와 같이 긴 s자 모양으로도 사용되곤 했는데, 보통은 비공식적으로 / (Slash, 슬래시)로 더 축약되기도 하였다. 슬래시 뒤에 붙은 - (Dash, 대시) 기호는 실링보다 낮은 단위인 페니가 없다는 뜻. 즉, 내가 주문한 맥주 80/-은 화폐 단위로 80실링 0페니 라는 의미이다. 속어로는 밥 bob이라고도 부르는데, "80실링 주세요", 혹은 "80밥 주세요"라고 주문하곤 했다고 한다.

갑자기 왜 이렇게 영국 화폐 단위에 대해 설명을 하였는가 하면, 전통적으로 스코틀랜드에서는 맥주의 이름을 단순히 맥주의 가격 - 더 정확히는 배럴Barrel이나 혹스헤드Hogshead 사이즈의 캐스크 단위의 가격 - [3]으로 부르곤 했기 때문이다. 손님들은 종종 맥주가 얼마나 가벼운지(Light) 혹은 얼마나 무겁고 강렬한 맥주인지(Heavy)를 알고 싶어 했는데, 맥주의 가격과 맥주의 세기는 대체로 비례하곤 하였다. 그래서 맥주의 이름에 가격도 같이 써 붙임으로써 가격만 보고도 맥주의 세기가 얼마나 되는지 충분히 짐작할 수 있었다. 맥주의 세기가 셀수록 가격이 높은 이유는 도수가 높은 맥주일수록 맥주에 들어가는 몰트 함량이 높기 마련이므로, 그만큼 원가가 더 올라갈 수밖에 없다. 또한 영국의 주세(酒稅)는 알코올 함량에 따라 세금을 매기는 종량세(從量稅)를 사용하였기 때문에 더 강렬한 맥주일수록 맥주에 붙는 세금도 더 높을 수밖에 없었다.

예를 들면, 1909년도에 맥클레이 양조장Maclay에서 만들어진 페일 에일은 '54/- 페일 에일', 1954년 스틸 쿨슨Steel Coulson에서 만든 스코틀랜드식 에일은 '60/- 에든버러 에일' 이런 식으로 불리었는데, 단순히 '54실링 주세요 혹은 60실링 1파인트 한 잔 주세요' 라고만 말해도 충분하였으며, 주문하는 손님들도 해당 맥주의 세기가 어느 정도인지 묻지 않고도 가늠할 수 있었다.

실링 수치가 얼마만큼의 강렬함을 의미하는지 정확하게 규정된 범위는 없지만, 근래에는 대략 다음과 같은 범위로 실링 이름을 붙인다. 따라서 내가

---

3 Neil Spake, 'The Shilling system', 2005, Scottish Brewing.com

Light	60/-	알코올 함량 - 3.5% abv 이하
Heavy	70/-	알코올 함량 - 3.5% ~ 4.0% abv 사이
Export	80/-	알코올 함량 - 4.0% ~ 5.5% abv 사이
Wee Heavy	90/- ~ 120/-	알코올 함량 - 5.5% abv 이상

주문한 맥주인 스튜어트 양조장의 80/- 은 알코올 함량 4.0%~5.5% 정도의
세기를 갖는 스코틀랜드식 에일이다.

주문 하자마자 직원이 매우 날렵한 손놀림으로 잔을 한 잔 들어 바로 폭포
수같이 맥주를 따라낸다. 풍성한 거품들을 걷어내고 나니, 상당히 어두운 색
깔의 몸체에 베이지색 거품 헤드가 얇지만 매우 조밀 조밀하게 깔렸다. 포터
Porter나 스타우트Stout로 대표되는 흑맥주와 같이 완전히 어두운 검은색은
아니고, 맥아 성향이 두드러지는 영국식 비터에서 맥아가 더 많이 강조되어
상당히 어두운 브라운 색으로 보인다. 완전히 검은 흑맥주들은 맥아를 로스
팅하여 만드는 반면, 스코틀랜드식 에일들은 맥아의 함량이 높아 짙게 두드

러질 뿐 이를 구워서
만들진 않기 때문이
다. 진한 캐러멜 향을
내뿜고 있는 이 녀석
을 한 모금 들이키자,
실크처럼 부드러운 거
품과 함께 목을 타고
가볍게 넘어가며, 구
운 빵, 비스킷, 체스트

넛과 같은 견과류의 고소함, 달짝지근한 버터스카치 (스카치 캔디)나 물엿, 감초와 같은 달달함이 입안을 가득 채우며 스쳐 지나갔다. 약간 거친 스파이시함과 꽃 향기 같은 홉의 성향은 아주 가볍게 뒷받침을 해주는 정도였다. 오호라, 의외였다. 사실 스코틀랜드식 에일은 미국 크래프트 양조장에서 만들어지는 것들을 먼저 접해본 터라, 상당히 묵직하고 굉장히 진득한 것들만 맛보았는데 스튜어트 80/-은 스코틀랜드식 에일의 특징인 맥아의 깊은 맛이 느껴지면서도 질감이 굉장히 가벼워 더운 여름에 마시기에도 크게 거부감이 없는 편이었다. 노포에서 맛보는 슴슴한 음식과도 같다고나 할까? 강렬하고 자극적인 현대식 크래프트 맥주들에 비하면 어딘지 모르게 심심한 느낌을 지울 수 없지만, 한편으론 기본적인 맛을 다 갖추고 있으면서도 깔끔함을 겸하고 있어 자꾸만 마셔도 크게 부담이 없는 느낌이다. 무더운 여름에도 무언가 달달하고 묵직하지만 한편으론 크게 부담감 없는 맥주를 마시고 싶다면 이 녀석이 제격이 아닌가 싶다.

맥주를 연거푸 서너 잔이나 들이키며 보우 바 펍의 분위기에 흠뻑 취해 있다 보니, 슬슬 몸에 힘이 풀리며 어딘가 좀 앉고 싶다는 생각이 들었다. 주변을 두리번거리다 눈에 들어온 빈 의자. 한쪽 구석에 있던 테이블에 연로하신 할아버지께서 맥주와 신문을 즐기고 계셨고, 그 앞에 빈 의자가 하나 놓여있어 양해를 구하고 잠시 앉아 이야기를 나누게 되었다.

스코틀랜드에서는 어딜 가나 동양인 꼬마(?)가 신기하긴 했나 보다. 어디에서 왔냐는 진부한 질문부터 시작하여, 내가 좋아하는 스카치 에일을 즐기기 위해 이 먼 곳, 스코틀랜드까지 오게 되었다는 얘기를 건네니 할아버지께서는 지금 일을 마치고 오는 아들을 기다리고 있는데 아들 녀석도 맥주를 상당히 좋아해서 온라인에 맥주 관련 글을 쓰고 있다고 소개를 해주셨다. 그러는 찰나, 이번에도 나와 비슷한 나이로 보이는 젊은 청년 하나가 들어오더니 얼떨결에 할아버지 소개로 인사를 하게 되었다. 본인이 운영하는 맥주 블로 그 사이트라며 소개도 받으며 맥주에 대한 얘기를 잠시 나누었는데, 이렇게 연로하신 아버지와 젊은 아들이 사이 좋게 맥주를 즐기는 모습이 마치 이곳 보우 바가 구비해놓은 맥주 리스트처럼 전통과 현대의 만남, 클래식함과 모 던함이 조화를 이루는 것과 같아 보여 상당히 인상 깊었다. 어느새 시간이 금 새 흘러, 들러보려고 미리 알아본 또 다른 펍을 방문하기 위해 곧 자리를 떴 지만, 글을 쓰는 이 순간, 다정해 보였던 부자의 모습을 사진 한 방 찍어두지 못한 게 지금에 와서야 못내 아쉽기만 하다.

추가로 더 마셨던 앨런데일 Allendale 양조장의 캘리포니아 커먼4. 직원들이 유쾌하고 익살스럽다

---

4 캘리포니아 커먼California common : 1840~50년대, 미국 골드 러쉬 시대Gold rush era에 캘리 포니아 서해안 가West coast 지역에서 만들어지던 스타일. 냉장기술이 보급화되지 않던 시절, 맥아즙을 큰 수조Coolship에 자연적으로 식히며 발생하던 증기 때문에 스팀비어Steam beer라고 도 불린다. 몰트의 구수한 맛이 많이 느껴지며, 라거 효모를 써서 매우 깔끔하다. 샌프란시 스코의 앵커 스팀비어Anchor Steam Beer가 대표적이다.

맥주 스타일 소개
Beer Style Guide 5
Scottish Ale / Scotch Ale

　스코티쉬 에일과 스카치 에일은 19세기 에든버러의 양조가들이 영국 중남부지역, 런던과 버튼지역에서 만들어지던 페일 에일과 IPA들을 스코틀랜드 지역에서 만든 스코틀랜드식 에일들이다. 맥주의 질감이나 알코올 도수 세기에 따라 라이트^{Light}, 헤비^{Heavy,} 엑스포트^{Export}로 나뉘는 스코티쉬 에일과, 이보다 몰트 함량이 훨씬 높아 상당히 무게감 있고 도수도 높은 위 헤비^{Wee Heavy}라고 불리는 스카치 에일이 있다.

　이들의 특징은, 잉글랜드 중남부지역의 페일 에일 혹은 IPA와 마찬가지로 페일 몰트를 사용하지만 보다 높은 맥아의 함량에 의해 짙은 호박색에서 매우 어두운 구릿빛을 띠며, 홉의 함량은 상당히 적은 편이다. 상대적으로 높은 위도에 위치한 스코틀랜드는 홉을 재배하기에 좋은 환경이 아니기 때문에 모든 홉은 잉글랜드 중남부지역에서 수입을 해야 했으므로, 홉은 맥주의 적절한 쓴맛을 맞춰주기 위해 소량만 사용될 뿐이었다.

　스코틀랜드식 에일 중, 가장 강렬한 위 헤비 스타일은 영국의 18~19세기 IPA나 올드 에일, 발리와인과 같이 장기간 보관되어 숙성이 될수록 풍미가 보다 복잡 미묘해지는 매력을 더한다. 풍부한 맥아에 의한 짙은 단맛은 캐러멜이나 달콤한 디저트와 같은 인상을 주며, 적절히 숙성된 것은 실크와 같은 부드러운 질감을 갖게 되어 현대의 많은 크래프트 양조가들에게도 인기가 많은 스타일이다.

스코틀랜드 하면 떠오르는 위스키라는 이미지 때문인지, 스코틀랜드 위스키 생산지 중 일부 지역에서 나타나는 토탄Peat의 스모키한 향과 맛을 맥주에도 적용하거나, 위스키를 담았던 캐스크에 스코틀랜드식 에일들을 보관하여 숙성하면서 나무 배럴과 위스키의 특성을 입히는 경우도 많이 있다. 하지만 이들은 모두 최근 크래프트 맥주 열풍에 의한 새로운 시도이지, 스코틀랜드식 에일을 양조하는 전통적인 방법은 아니라는 것이 정설이다.

- Scottish Ale ： Light

알코올 함량	• 2.5 ~ 3.2 %
대표적인 상업 맥주	• 맥 이완 60 실링 McEwan's 60/-

- Scottish Ale ： Heavy

알코올 함량	• 3.2 ~ 3.9 %
대표적인 상업 맥주	• 테넌츠 스페셜 에일 Tennent's Special Ale

- Scottish Ale ： Export

알코올 함량	• 3.9 ~ 6.0 %
대표적인 상업 맥주	• 벨헤이븐 스코티쉬 에일 Belhaven Scottish Ale

- Scotch Ale : Wee Heavy

알코올 함량	• 6.5 ~ 10.0 %
대표적인 상업 맥주	• 고든 파이니스트 스카치 Gordon Finest Scotch
	• 트라퀘어 하우스 에일 Traquair House Ale

올드 시티 *Old City*, 올드 에일 *Old Ale*

3일간의 짧은 스코틀랜드 일정 동안 스코틀랜드산 클래식 에일들을 생각보다 많이 접하진 못하였다. 잉글랜드에 비해 전통 에일 양조장들이 많이 사라지기도 했고, 짙은 맥아 중심의 성향인 스코틀랜드 맥주의 특성상, 대부분 도수가 높은 편이라 여름 시즌에 찾아보기 힘든 탓이었을 수도 있겠다.

스코틀랜드에는 영국을 대표할 만한 브루독이라는 크래프트 양조장이 2000년대 초부터 전 세계적으로 이름을 날리고 있는 터라, 오래된 펍에서도 브루독을 비롯해 유행을 좇는 현대식 맥주들을 많이 접할 수 있었다. 덕분에 스코틀랜드산 크래프트 맥주들을 다양하게 맛본 것 자체는 상당히 흥미로웠지만, 이들 대부분이 화사한 홉 특성을 지향하는 미국식 크래프트 맥주의 영향을 받은 것들이라 한편으로는 아쉬움이 많았다. 현지에 가면 구하기 어려운 스코틀랜드식 전통 에일들을 많이 마셔볼 수 있

겠지 하는 기대감이 조금씩 사라져가면서 짧은 여행이 아쉽게만 느껴지고 있던 때였다.

그러던 찰나, 스코틀랜드 여행 마지막 날, 런던으로 다시 돌아가기 전에 기념품 사듯이 술을 사러 들어간 위스키 샵에서 꽤 괜찮은 녀석을 하나 구할 수 있었다. 주로 관광객을 대상으로 하는 가게 같았지만 의외로 혹할만한 맥주가 하나 눈에 들어왔다.

하비스타운Harviestoun. 1985년도에 설립된 이 양조장은 앞서 소개한 다양한 영국식 에일들, 예를 들면 비터, 골든 에일, IPA, 포터와 같은 스타일들도 만들어내지만, 맥주 마니아들에게 있어 가장 널리 알려진 것은 다름 아닌, 배럴에 숙성된 올드 에일들이다. 오래된 검은 맥주라는 뜻의 올라 덥Ola Dubh (Old Black)은 병 라벨에 12년, 16년, 18년, 21년 등 다양한 숙성 연수가 적혀있는데, 사실 이는 해당 맥주들 자체의 숙성 기간은 아니고, 올라 덥 맥주를 보관하고 있던 나무 배럴이 원래 담았던 위스키의 숙성 연수를 의미하는 것이다. 스코틀랜드의 이름난 싱글 몰트 위스키 증류소 중 하나인 하일랜드 파크 증류소Highland Park Distillery와 합작으로 만든 이 올라 덥은, 아주 진득한 포

터 스타일로 만들어진 올드 엔진 오일^{Old Engine Oil}이라는 하비스타운의 기본 라인업 맥주를 원주(原主)로 하여, 오랜 세월 동안 하일랜드 파크 위스키가 담겨졌던 빈 오크통에 이를 담아 추가로 맥주를 숙성하여 위스키의 특성이 맥주에도 자연스럽게 베어 들게 만들어졌다. 이로 인해 올라 덥 시리즈들은 알코올 도수가 상당히 높은 편이다.

가게에 구비되어 있던 여러 시리즈들 중 어떤 걸 마실까 고민하다가, 가장 연식이 높던 21년산을 한 병 집어 들고 스코틀랜드 여행의 마지막 야경을 감상하고 싶었던 칼튼 힐 언덕^{Calton Hill}을 향해 걸어 올라가기 시작했다.

칼튼 힐을 찾아가는 길은 험난했다. 구글 지도로 GPS까지 켜가며 열심히 찾아 헤매었건만 도무지 내가 찾는 그 풍경이 나오지 않는 것이었다. 사람들이 잘 가지 않는 묘지로 가득 찬 언덕을 오르며 등골이 오싹해지기도 했지만,

멋진 광경을 보고 싶다는 일념 하나로 열심히 한걸음 한걸음 내디뎠다. 점점 길을 물을 사람조차 보이질 않고, 내가 맞게 가고 있는 건가 싶을 때 즈음, 언덕 정상에서 여유로운 시간을 보내고 있는 에든버러 시민들과 관광객들을 발견할 수 있었다. 나중에 언덕을 다시 내려가며 알게 되었지만, 사실 이 언덕을 보다 쉽게 오를 수 있는 길이 있었는데 구글 지도가 하필이면 이상한 길을 알려주어 그 넓은 언덕길을 꼬불꼬불 돌고 돌아 힘들게 도착했던 것. 시간이 많이 흘러버려 속상하기도 했지만, 어느덧 해가 저물어 가고 있어 여유를 부릴 틈이 없었다. 런던으로 가는 야간열차를 타기 전에 숙소로 돌아가 맡겨 두었던 짐도 다시 챙겨야 하고, 아까 챙겨온 올라 덥도 즐기고, 마음에 드는 풍경 사진도 찍으며 시간을 보내야 했기 때문이다.

칼튼 힐 언덕에서 내려다보는 에든버러 시내의 풍경은 가히 장관이었다.

맑고 푸르른 하늘 뒤로 뉘엿뉘엿 저물어가고 있던 해는 노오란 노을을 만들어내고, 사람들은 각기 제 방식대로 시간을 즐기고 있었다. 잔디밭에 앉아 담소를 나누고 있는 사람들, 서로 사진을 찍어주며 추억을 담고 있는 사람들, 그리고 전문 사진가들처럼 다양한 촬영장비를 들고 찾아와 멋진 야경을 담아내는 사람들 모두가 칼튼 힐에서의 기억을 간직할 것이다. 마지막 날이라 그런지 같은 풍경도 왠지 다르게 느껴지는 듯도 하다.

적당한 장소에 자리를 잡고 가져온 올라 덥을 오픈 했다. 날은 이미 많이 어두워져 안 그래도 까만 맥주가 더 안보이기도 했지만, 스멀스멀 올라오는 몰트 위스키와 참나무 오크의 향은 나의 코를 자극하며 이것이야 말로 스코틀랜드에서 꼭 맛보고팠던 '제대로 취향 저격'인 맥주임을 확신시켜 주었다.

진득한 다크 초콜릿, 에스프레소와도 같은 구운 맥아의 맛이 아주 풍부하게 느껴진다. 풀 바디Full body 이상의 묵직한 무게감이 진중하게 느껴지며, 위스키 오크 통에서 숙성되면서 스며든 것으로 느껴지는 견과류, 진득한 송진 느낌 그리고 미세한 쉐리Sherry의 향이 매우 정교하고 복잡한 맛을 선사한다. 맥주에서 오는 잘 구워진 맥아의 기본 뼈대에, 위스키의 원액과도 같은, 날 세지만 부드럽게 잘 숙성된 따뜻함, 그리고 느껴지는 스모키함. 과연 훌륭한 맥주가 따로 없구나 하는 생각이 절로 들었다. 이럴 줄 알았으면 몇 병 더 집어들 것을. 하루 종일 열심히 돌아다니고, 맥주도 마시다 보면 어느 순간 피로가 몰려 오는데, 이따금 이렇게 훌륭한 맥주를 만나면 언제 그랬냐는 듯 다시 기운이 넘쳐나는 것만 같다.

아름다운 에든버러의 야경을 열심히 카메라에 담아보려 했지만 지금 내가 느끼는 상쾌한 이 기분과 시원한 바람, 즐거움이 가득한 나의 입 안과 황홀한 분위기를 모두 담아내기엔 채워지지 않는 무언가가 있는 것 같다. 날이 많이 어두워져 슬슬 야간열차가 들어오는 웨이버리 역 플랫폼으로 몸을 향한다.
스코틀랜드에서의 짧은 여정이었지만 아쉬움이 있어야 또 찾으러 오는 법.
이곳만큼은 여행앓이가 꽤나 오래 갈 것 같은 느낌이다.

영국에 맥주 마시러 가자

맥주 스타일 소개
Beer Style Guide 6
Barely Wine / Old Ale

발리와인^{Barley Wine}. 보리 맥아를 뜻하는 발리라는 이름에서 유추할 수 있듯이 맥아의 특성이 상당히 부각되는 맥주 스타일이다. 영국식 맥주 스타일중, 가장 강력하고 풍미가 가득한 특징을 가진다. 와인이라는 단어에서 떠올릴 수 있는 포도는 전혀 들어가 있지 않고, 포도로 만들어지는 일반적인 와인의 도수와 비슷할 정도로 높은 도수의 맥주를 의미한다.

18~19세기 영국의 전통적인 양조방식은 부분맥아발효^{Parti-gyle}라는 기법을 사용하였는데, 이는 한번의 양조에 필요한 맥아를 가지고 여러 번 맥주를 뽑아내는 방식을 말한다. 쉽게 비유하자면, 차를 우려내는 하나의 티 백을 갖고 뜨거운 물에 여러 차례 우려 마시는 방식과 비슷하다고 생각할 수 있다. 이렇게 Parti-gyle 양조방식을 사용해서 만들어진 맥주는, 첫 번째 배치에서 가장 강력한 풍미와 높은 도수를 뽑아내며, 두 번째로 나온 맥주 배치에서는 바로 음용이 가능한 수준의 일반적인 도수가 나오게 된다. 만일 잔당이 여전히 남아 있다면, 세 번째 배치를 더 뽑기도 하는데, 스몰^{small} 혹은 마일드^{mild}라고 불리는 아주 가벼운 스타일의 저도수 맥주가 나오게 된다.[1]

---

1 Joshua M. Bernstein, "*Cure for the Cold, Barley Wines and Other Winter Warmers*", P.198 ~ P.199,The Complete Beer Course, ISBN : 978-1402797675

이렇게 각기 다른 세기로 만들어진 맥주들은 소비되는 방법도 달랐다. 낮은 도수의 맥주는 빨리 소비되지 않으면 금방 망가질 우려가 크기 때문에 가장 먼저 판매가 되고, 도수가 가장 높은 첫 번째 배치는 높은 알코올에 의해 효모의 발효기능이 더디어지기도 하므로, 흔히 나무 캐스크에 담겨 장기보관 되는 편이었다. 만들어진 지 얼마 되지 않은 신선한 발리와인은 상당히 거칠고 알코올이 종종 많이 느껴지기도 하지만, 시간이 지나면서 추가적인 숙성이 진행될수록 질감이 전체적으로 둥글고 부드러워지며, 포트와인Port wine처럼 매우 풍미가 깊고 강력하면서도 우아하고 섬세한 매력이 있다. 말린 매실, 건포도, 블랙커런트Black currant와 같은 말린 어두운 과일류 혹은 감주와도 같은 진득함이 느껴진다.

발리와인이라는 용어는 1902년 바스Bass에서 넘버원 발리와인No.1 Barley Wine이라는 상업 맥주가 출시되며 처음 사용되기 시작하였다.[2] 그 이전에는 보통 도수가 세고, 풍미가 강하여 스트롱 에일Strong Ale, 장기 보관이 가능한 스탁 에일Stock Ale 혹은 올드 에일Old Ale, 추운 겨울에 몸을 녹이는 용도로 윈터 워머Winter Warmer와 같이 다양하게 불리었으며, 현대에 와서 대동소이한 각 스타일들이 미묘한 차이로 구분되고 있다.

잉글리시 스트롱 에일과 올드 에일은 질감이나 도수 면에서 거의 동일한 편인데, 숙성에 의한 특징이 있는가 없는가에 의해 나뉘는 편이다. 또한 숙성된 발리와인과 올드 에일도 비슷한 알코올 도수에서는 상당히 유사한 특징을 가진다. 이들의 미묘한 구분은 보통, 전통적인 올드 에일은 나무배럴에서의 숙성에 의해 발생하는 특징들, 즉 브렛 효모Brettanomyces의 퀴퀴함이

---

2 Watts, Henry. A dictionary of chemistry and the allied branches of other sciences, Volume (1872)

나 젖산^{Lactic Acid}에 의한 시큼함이 도드라지는 경우가 많고, 숙성된 발리와인은 진득한 맥아의 특징이 숙성에 의해 짙고 깊이가 있는 포트와인과도 같은 우아한 매력을 지녀 이러한 특징들로 구분 짓는 편이다. 현대에 와서 각 스타일별 특징을 분류하기 위해 위와 같이 정의되고는 있으나, 과거에는 큰 구별 없이 혼용되며 사용되곤 하였다.

이렇게 발리와인이나 올드 에일은 처음 양조되었을 때와 달리 시간에 의해 변하는 특징을 음미하는 것이 가장 큰 재미인데, 몇몇 양조장에서는 맥주를 출시하면서도 일정 기간이 지난 이후에 마시는 것을 추천하기도 한다. 일부 맥주 애호가들 사이에서는 맥주는 저장하기 위한 것이 아니라 마시기 위함이라며 이러한 보관 문화를 비판적인 시각으로 보기도 하지만, 숙성에 의한 매력을 한번 맛본다면 지하저장고 깊숙한 곳에 높은 도수의 맥주들을 저장하려는 매혹을 뿌리치기란 쉽지 않을 것이다.

- English Barely Wine

알코올 함량	• 8.0 ~ 12.0 %
대표적인 상업 맥주	• 퓰러스 골든 프라이드 Fuller's Golden Prides • 제이 더블유 리즈 하베스트 에일 J.W. Lee's Harvest Ale

- Old Ale

알코올 함량	• 5.5 ~ 9.0 %
대표적인 상업 맥주	• 그린킹 스트롱 서포크 에일 Greene King Strong Suffolk Ale • 씩스턴 올드 페큘리어 Theakston Old Peculier

검은 맥주 포터 Porter와 스타우트 Stout, 그리고 아일랜드 Ireland

- 영국 흑(黑)맥주 English Porter & Stout

  ** 맥주 스타일 소개 Beer Style Guide 7 - Porter / Stout

- 아일랜드 맥주 소개

  ** 아일랜드 전통 에일 대표 브랜드 (Irish Classic Ales)

  ** 맥주 스타일 소개 Beer Style Guide 8 - Irish Red Ale

영국 흑(黑)맥주 *English Porter & Stout*

스코틀랜드를 다녀온 이후, 영국 여행도 점점 막바지를 향해 달려간다. 아직도 가봐야 할 양조장과 펍들이 수도 없이 많이 남았지만 한편으로는 관광지들도 둘러보고 싶은 마음에 부족한 시간이 아쉬울 따름이다. 야간열차를 타고 스코틀랜드에서 다시 런던으로 돌아온 이른 시간, 조용한 아침을 즐기고 싶어 시내의 한 공원을 찾았다. 여왕님이라도 뵐 수 있을까 하여 버킹엄 궁전^{Buckingham Palace}을 잠시 둘러본 뒤, 근처의 세인트 제임스 공원^{St. James Park}으로 향했다. 런던 시내에는 많은 공원들이 있는데, 대부분의 공원은 원래 귀족들 소유지만 시민들을 위해 개방해 둔 것이라고 한다. 예전에는 귀족

들이 사냥하면서 놀던 곳이었다고… 어쨌든 호숫가를 따라 한적한 공원을 걷다 보니 어느새 목적지에 다다랐다. 세인트 제임스 공원 안에 자리한 카페. 사람이 많지 않은 공원 속에서 간단히 차나 커피와 함께 브런치를 즐기기 좋아 보였다. 공원이 바라보이는 야외 테이블에 앉아 요깃거리를 주문하고 마실 건 뭐가 있나 둘러보니 아침부터 맥주도 주문 가능하단다. 종류가 많

진 않으나 사무엘 스미스가 두 가지나 병으로 준비되어 있었다. 가벼운 라거와 페일 에일 위주라 아침에 마시기에도 크게 부담스럽진 않겠지만, 밤새 기차를 타고 와 피곤이 덜 가시기도 했고 앞으로도 일정이 많이 남아있으므로 따뜻한 차 한 잔하며 몸을 녹이기로 하였다. 8월 한여름이지만 영국의 아침은 생각보다 꽤 쌀쌀하였다.

　모처럼만의 여유를 즐긴 뒤, 슬슬 몸을 움직여 향한 곳은 런던의 버로우 마켓^{Borough Market}. 1276년 이전부터 형성된 버로우 마켓은 런던에서 가장 오래된

시장으로 알려져 있다. 런던 내에는 다양한 마켓들이 존재하지만, 그중에서도 접근성이 꽤 좋으며 다양한 먹을 거리가 있는 버로우 마켓은 여행자들이 잠시 들러 구경하기도 좋고 간단한 요기를 하기에도 아주 그만이다. 영국의 유명 요리사 제이미 올리버Jamie Oliver가 식재료를 사러 가기 좋아하는 곳으로도 잘 알려져 있다.

금요일 점심 시간쯤 방문한 버로우 마켓에는 테이크 아웃 용기에 담긴 음식을 들고 서서 끼니를 때우는 직장인들과 식료품을 사러 나온 동네 주민들, 그리고 매력적인 영국만의 마켓 분위기를 즐기며 구경하는 관광객들로 북적거렸다. 기계로 대량생산 해내는 공산품들이 아닌, 집이나 작은 가게에서 직접 만든 차, 치즈, 빵, 초콜릿, 잼, 식초, 향신료 등 다양한 식료품들과 먹거리는 호기심을 불러일으키기에 충분하였다. 특히 한국에선 흔히 볼 수 없는 다양한 향신료와 허브 등이 눈에 들어왔는데, 아마도 맥주를 마시며 이름만 익히 들어본 재료들이 반가워서 더 그랬는지도 모르겠다.

시장 구석구석 한참을 구경하고 있을 때쯤, 버로우 마켓에 찾아온 이유가 다시 생각났다. 바틀샵 유토비어Utobeer. 런던 시내에 괜찮은 바틀샵들이

몇 군데 있지만 이렇게 관광객들이 흔히 들리는 장소에 위치하는 가게는 이곳이 유일하지 않을까 싶다.

마켓 안에 위치한 가게라 그런지 손님들이 제법 있었다. 동네 마트나 수퍼에서 쉽게 구할 수 있는 클래식 에일들과 달리 이러한 샵에서는 주로 모던한 크래프트 맥주들을 취급하는 편인데, 그렇기 때문에 손님들은 젊은 친구들이 주를 이루는 편이다. 단순한 편견이 아니라 대체적으로 맛이 강하고 자극적인 것이 많기 때문이다. 하지만 이곳은 시장 안에 있는 가게라서 그런걸까? 나이 지긋하신 백발의 중년 아저씨나 아주머니들도 심심치 않게 보인다.

가게 입구에서는 마침 시음 행사를 하고 있었다. 미국 뉴욕의 이름난 크래프트 양조장 중 하나인 브룩클린 양조장Brooklyn Brewery의 시즈널Seasonal 맥주들을 조금씩 맛 보여주고 있었는데, 여행을 다녀와서 한국에 수입된 걸 보니 상당히 높은 가격으로 들어왔던 맥주이다.

"K is for Kriek". 크릭이라 함은 체리 그 자체, 혹은 벨기에 지역에서 주로 만들어지던 체리를 이용한 맥주를 의미한다. 해당 맥주는 체리가 들어간 벨기에 스타일을 미국산 버번 위스키 배럴에서 숙성한 맥주인데, 한가지 재미있는 것은 시음 전에 진짜 체리와 위스키 한

잔을 먼저 맛보게 하고서 그 다음에 해당 맥주를 음미하게 함으로써 맥주의 부재료를 훨씬 풍부하게 느낄 수 있게 했다는 점이다. 종종 친한 사람들과 맥주를 시음할 때 해당 맥주에 들어간 부재료들을 같이 페어링pairing 하는 경우가 많은데, 이렇게 간이 시음장에서도 맥주에 들어간 재료들을 같이 즐길 수 있게 만들었다는 점이 무척이나 반가웠다.

샵에는 다양한 종류의 맥주가 잘 구비되어 있었다. 맥주 강대국이라고 할만한 미국, 벨기에, 독일 맥주들도 눈에 들어왔지만 아무래도 영국산 맥주들의 라인업이 이목을 끌었다. 한참을 찬찬히 둘러본 후, 한국에 가져갈 것들과 영국에서 당장 마실 몇 병을 쟁이고서 가벼운 발걸음으로 마켓을 빠져나왔다.

얼마 남지 않은 여행에 런던의 상징과도 같은 타워 브릿지를 한 번 더 가보고 싶었다. 마침 버로우 마켓에서 걸어가기에도 충분히 가까운 거리에 있어 템즈 강을 따라 시내를 구경하며 유유히 걷기 시작하였다. 여행하는 내내 화창하던 날씨와 달리, 이날은 어쩐지 오후부터 먹구름이 드리우기 시작하더니 약간은 다운된 분위기의 런던이 더욱 매력적으로 다가왔다. 1년의 대부분이 구름 끼고 강수량이 많은 런던인데 여행 막바지가 다 되어서야 이런 분위기를 느끼게 되어 오히려 다행이란 생각도 들었다.

유토비어 근처에 사이다만 전문으로 취급하는 샵이 있다. 영국은 보리로 만든 맥주뿐만 아니라 사과로 만든 사이다,
꿀로 만든 미드 등 다양한 발효주가 무척이나 다양하게 발달해 있다.

저 멀리 타워 브릿지가 보이는 적당한 위치에 자리를 잡고, 방금 사온 맥주 중 하나를 꺼냈다. 사무엘 스미스의 임페리얼 스타우트^{Samuel Smith's Imperial Stout}. 러시아 제국의 귀족들이 즐겨 찾을 정도로 인기가 있어 붙여진 이름인 임페리얼 스타우트라는 이미지에 어울리게, 금박으로 둘러진 맥주병이 무척이나 인상적이다.

앞서 케임브리지에서도 접해보았고 여행 중간중간 소개된 사무엘 스미스는 영국의 전통 있는 양조장 중에서도 현대 크래프트 맥주 마니아들 사이에서 인기가 매우 좋다. 영국뿐만 아니라, 벨기에, 독일 등에서도 상당히 오래된 양조장들 중에는 신생 양조장만큼이나 기교하고 개성 넘치는 맥주를 만드는 곳들이 더러 있는데, 오래된 곳이라고 늘 따분하고 고리타분할 것이라고 생각하면 큰 오산이라는 것을 여실히 보여주는 곳 중 한 곳이다. 이 때문에 사무엘 스미스를 현대 크래프트 맥주 양조장이라고 생각하는 사람들이 많이 있지만, 놀랍게도 사무엘 스미스는 무려 1758년도에 설립되었다. 병 라벨에 붙은 수상 경력과 수상 연도가 그들의 저력을 가감 없이 보여준다.

품위 있게 포장된 황금색 라벨이 매우 조심스럽게 열어야 할 것 같은 느낌을 자아내었다. 아직 잔에 따르지도 않았는데 병 뚜껑을 따자마자 진득한 다크 초콜릿 풍미가 기다렸다는 듯이 풍겨져 나온다. 미리 준비해 온 스니프터 Snifter잔[1]에 조심스레 천천히 따라 본다. 흠 잡을 데 없이 완벽한 짙은 검정색이 아름다운 유리 곡선을 타고 흐르는 모습에 내 마음도 경건해 지는 듯 하다. 중간 즈음 따랐을 무렵, 구릿 빛으로 태닝 되었을 것으로 예상되는 갈색 거품 헤드도 함께 감상하기 위해 병을 서서히 들어올리며 거품 층을 만들어본다. 너무 조심스럽게 따른 탓일 까, 생각보다 헤드를 풍성하게 만들어 내진 못하였지만 아름다운 자태를 감상하기에 썩 나쁘진 않아 보인다.

뚜껑을 열면서부터 느껴지던 진득한 초콜릿 향이 더 풍부하게 느껴지며 나를 매우 들뜨게 만들었다. 한 모금 머금자 육중하고 깊은 맥아의 느낌이 입 안을 가득 채운다. 질감은 실크처럼 매우 부드러운데, 평소 좋아하는 오트밀이 들어간 스타우트처럼 상당히 부드럽고 크리미하다. 보통 검은 맥주 계열에서 느껴지는 커피향도 느껴지지만 달콤한 초콜릿의 풍미가 훨씬 지배적이며, 달짝지근한 감초, 캐러멜과 같은 스위트한 맛과 말린 자두나 검은 계열의 베리류와 같은 달콤하면서도 살짝은 새콤한 느낌이 약간 뒷받침되는 듯, 상당히 복합적이고 미묘한 맛에 황홀함을 감출 수 없었다. 버번이나 스카치와 같은 위스키 배럴에 숙성된 맥주가 아닌, 오로지 구운 몰트에 의해서만 만들어졌음에도 불구하고 기본에 충실한 매우 훌륭한 맥주란 생각이 들었다.

---

1 스니프터 잔Snifter Glass : 목stem이 짧은 유리잔이다. 아래는 넓고 둥글어 손에 감싸 쥐기 좋아, 알코올의 온도를 올리기에 유용하다. 반면 입구는 좁아 증발된 알코올이 안에 갇혀있어 향을 느끼기에 적합하다. 브랜디와 같은 높은 도수의 술을 마실 때 주로 사용하지만, 요즘은 임페리얼 스타우트, 발리 와인, 더블 IPA 같이 도수가 높은 맥주를 마실 때도 자주 사용되곤 한다. 본인이 가장 즐겨 쓰는 잔이라 여행갈 때 하나씩 들고 다니는 편이다.

또 다른 날 저녁에 들렀던 타워 브릿지에서의 기네스 엑스트라 스타우트 Guinness Extra Stout. 검은 계열의 흑맥주에는 엄청나게 다양한 스타일이 존재한다.

시원한 템즈 강의 강 바람을 맞으며 따라둔 잔의 절반 정도를 즐기고 있을 무렵, 아까부터 불안하던 먹구름이 결국 비를 쏟아내기 시작하였다. 다행히 막 쏟아지기 시작할 타이밍에 건물 처마 밑으로 몸을 바로 피할 수 있었지만, 곧바로 비는 세차게 몰아치기 시작하였다. 금방 그칠까 싶으면서도 한 손에는 빈 병을, 다른 한 손에는 손가락 사이에 스니프터 잔 목 부분을 감싸 쥐고 맥주를 계속 홀짝인다. 깊은 풍미와 부드럽고도 복잡한 이 매력적인 맥주를 마시고 있자니 우산이 없어도 크게 걱정스럽지는 않았다. 잠시 비를 그으며 천천히 한 모금 한 모금을 즐기다 보니, 비는 다행스럽게도 오래지 않아 그쳤다. 무거운 짐을 덜어낸 구름은 언제 그랬냐는 듯 한결 가벼워 보였고, 약간은 쌀쌀했지만 시원스럽게 내린 한여름의 소나기는 아름다운 템즈 강과 타워 브릿지를 더 선명하게 감상할 수 있게 해주었다. 나 역시도 여행 속에서 쌓여가던 피로가 조금은 가신 듯 상쾌한 기분이 들었다. 슬금슬금 따뜻한 실내로 옮겨 맛있는 음식으로 허기를 달래며 몸을 좀 녹여야 할 것 같다.

기네스 포린 엑스트라 스타우트 Guinness Foreign Extra Stout. 다양한 기네스 스타우트들 중에서 가장 진하고 깊은 맛을 자랑한다. 국내에선 아직 접할 수 없으니 보인다면 무조건 한번쯤 시도해볼 것을 추천

맥주 스타일 소개
Beer Style Guide 7
Porter / Stout

흔히 우리나라말로 흑맥주라고 불리는 검은 계열의 맥주는 검다는 의미만큼이나 범위가 넓다. 그중 기본이 될만한 대표적인 영국식 흑맥주인 포터 Porter는 인기만큼이나 다양한 이야기도 많이 존재하는데, 그 기원은 약 1720년경으로 보고 있다. 런던에서 발전된 이 스타일은 짐꾼(Porter 포터)들에게 인기가 많아 그 이름이 붙여진 것으로 알려져 있으며, 최초의 포터는 브라운 계열의 맥주, 가벼운 비터 스타일 그리고 진한 페일 에일 - 숙성되기도 하는 - 3가지를 섞어 만들어졌다고 전해진다.[1]

이렇게 만들어진 18세기 당시의 포터는 현대의 검은 맥주 포터와는 많이 다른데, 도수 약 6.5%나 되는 상대적으로 높은 알코올 함량에, 나무 캐스크에서의 숙성에 의한 퀴퀴하고 시큼한 맛도 함께 동반되었다. 다른 높은 도수의 맥주들처럼 1차세계대전 이후, 높은 주세(酒稅)에 의해 점차 가벼워졌으며, 진득해 보이는 겉모습 때문에 흔히들 흑맥주라고 하면 굉장히 강렬할 것이라 생각하지만, 모든 흑맥주들이 꼭 그렇지는 않다.

---

1 Martyn Cornell, "Porter Myths and Mysteries", Brewery History, Vol. 112 p. 31~40

또 다른 흑맥주, 스타우트^{Stout}는 원래 '강렬한'의 의미로, 처음엔 꼭 흑맥주 만을 의미하는 것은 아니었다. 1677년 쓰여진 한 문헌에서 처음으로 맥주에 이 단어를 사용했으며[2], 스타우트 페일 에일$^{Stout\ Pale\ Ale}$처럼 어느 종류의 맥 주에도 쓰일 수 있는 단어였다. 그 이후 포터라는 단어가 1720년경부터 사용 되기 시작하였고, 양조장마다의 다양한 세기의 포터를 만들고 있었으므로, 여러 포터들 중에서도 강렬한 포터를 의미하는 스타우트 포터$^{Stout\ Porter}$라 고 불리다가, 점차 포터라는 단어는 생략되고 '스타우트' 단어 자체만으로도 더 진하고 강한 포터를 의미하게 되었다. 그만큼 그 당시 포터와 스타우트의 인기는 대단했을 것으로 보인다.

그 무렵의 진한 포터를 의미하는 '스타우트'의 대표적인 사례로 너무나도 유명한 기네스^{Guinness}를 꼽을 수 있다. 런던에서 포터의 인기는 맥주의 생산 량이 과거의 그 어느 때보다도 많을 정도로 엄청났다고 하며, 그중 상당량이 아일랜드에도 수출이 되고 있었다. 이로 인해 1760년대에는 아일랜드 더블 린의 여러 양조장에서 포터를 양조하기 위해 많은 실험이 이뤄지고 있었다. 그중 아서 기네스$^{Arthur\ Guinness}$가 1759년에 설립한 양조장에서 1778년에 처 음 포터의 판매가 이루어졌고, 그 이후 1810년경 스타우트 포터를 의미하는 다양한 세기의 스타우트들이 출시된다[3].

20세기 초, 1, 2차 세계대전 직후에 런던에서는 '영양분이 많은 맥주'라는 캐치프레이즈로 유당^{Lactose}이 첨가된 밀크 스타우트$^{Milk\ Stout}$ 혹은 스위트 스

2 Michael Lewis (2017), "Stout (Classic Beer Style)", Brewers Publications, ISBN 9781938469435, Retrieved 20 July 2018
3 Patrick Guinness (2008), Arthur's Round: the Life and Times of Brewing Legend Arthur Guinness, Peter Owen Ltd, p. 114, ISBN 0720612969

타우트^{Sweet Stout}가 상당히 인기를 끌었는데[4], 그에 반해 아일랜드에서는 여전히 기존의 방식대로 스타우트가 생산되고 있었으므로 아일랜드 지역의 스타우트를 이들과 구분하여 아이리시 스타우트^{Irish Stout} 혹은 드라이 스타우트^{Dry Stout}라고 부른다.

이 밖에도 유당이 들어간 스위트 스타우트를 대체하여 또 다른 영양공급을 위한 맥주로 처음 만들어졌던 오트밀 스타우트^{Oatmeal Stout}, 해외 수출을 위해 더 많은 맥아와 홉을 넣어 무게감 있고 도수가 높은 수출용 스타우트^{Foreign Extra Stout}, 1700년대에 러시아제국의 황실과 귀족들에게서 인기가 많았다고 알려져 이름이 붙은 임페리얼 스타우트^{Imperial Stout}, 그리고 이에 영향을 받아 발트해 연안에서 현지의 재료로 임페리얼 스타우트만큼이나 진득하게 만들어진 발틱 포터^{Baltic Porter} 등 다양한 종류와 변형들이 존재하는데, 이를 보면 검은 맥주 포터와 스타우트가 오랜 세월 동안 사람들에게 얼마나 많은 사랑을 받았는지 충분히 짐작할 수 있을 것이다.

참고로 현대에는 포터와 스타우트의 구분은 크게 의미가 없으며, 포터가 스타우트보다 알코올 도수가 더 높기도 하고, 그 구분이 애매해져 있는 것이 사실이다.

* 현재 영국에서는 소비자 혼동의 우려가 있어 맥주에 Milk라는 단어를 사용하지 못하도록 금하고 있다.[5]

---

4 Michael Jackson, "Michael Jackson's Beer Companion", P. 184~P.188, Running Press (1993), ISBN 1561382884

5 Roger Protz, "The Ultimate Encyclopedia of Beer", P. 100, Carlton Books (1995), ISBN 1-85375-197-9

- English Porter

알코올 함량	• 4.0 ~ 5.4 %
대표적인 상업 맥주	• 풀러스 런던 포터 Fuller's London Porter
	• 민타임 런던 포터 Meantime London Porter

- Irish (Dry) Stout

알코올 함량	• 4.0 ~ 4.5 %
대표적인 상업 맥주	• 기네스 드래프트 Guinness Draught
	• 머피 아이리시 스타우트 Murphy's Irish Stout

- Sweet (Milk / Cream) Stout

알코올 함량	• 4.0 ~ 6.0 %
대표적인 상업 맥주	• 매케슨 XXX 스타우트 Mackeson XXX (Milk) Stout
	• 마스턴즈 오이스터 스타우트 Marston's Oyster Stout

- Foreign Extra Stout

알코올 함량	• 6.3 ~ 8.0 %
대표적인 상업 맥주	• 기네스 포린 엑스트라 스타우트 Guinness Foreign Extra Stout
	• 커넬 엑스포트 스타우트 The Kernel Export Stout

- (Russian) Imperial Stout

알코올 함량	• 8.0 ~ 12.0 %
대표적인 상업 맥주	• 사무엘 스미스 임페리얼 스타우트 Samuel Smiths Imperial Stout • 커리지 임페리얼 러시안 스타우트 Courage Imperial Russian Stout

- Baltic Porter

알코올 함량	• 6.5 ~ 9.5 %
대표적인 상업 맥주	• 발티카 넘버 6 포터 Baltika #6 Porter • 스머티노즈 발틱 포터 Smuttynose Baltic Porter

아일랜드 맥주 소개

약 열흘이 채 되지 않는 짧은 직장인의 휴가 탓에 아일랜드는 일정상 고려조차 해보지 못하였다. 전세계인이 즐기는 기네스와 같은 유명 브랜드가 있음에도 불구하고 영국 본토에서 떨어져 있다는 이유로, '영국에 또 놀러 올 일이 있겠지' 하며 다음을 기약했건만 글을 쓰고 있는 지금 시점에서 아쉬움이 남는 건 어쩔 수 없나 보다. 직접 방문해보지는 못하였지만, 기네스와 더불어 아일랜드를 대표할 만한 아이리시 클래식 에일들 몇 가지를 소개하고자 한다. 국내 마트에서도 쉽게 구해 마셔볼 수 있는 맥주들이지만 현지에서 즐기는 맛은 또 다른 느낌을 선사해줄 것이다.

기네스 스토어 하우스 Guinness Store House

맥주를 좋아하는 사람이라면 누구나 기네스라는 이름 한번쯤은 들어봤을 것이다. 그만큼 오랜 시간 동안 많은 사람들에게 사랑 받아왔고 전세계 어디서든 쉽게 접할 수 있을 정도로 친숙하다. 한편으로는 그렇게

뻔히 아는 맛을 즐기러 구태여 더블린까지 날아가야 하나 싶기도 하지만, 두터운 팬층을 형성하고 있어서인지 관광명소나 다름없는 기네스 체험장, 스토어 하우스에는 2017년 한 해에만 170만 명이 다녀 갔으며, 2000년에 개장하고 지금까지 총 누적 관광객수는 1800만 명을 넘어섰다고 한다.[1]

1759년부터 250년이 넘는 역사를 가진 기네스 양조장은 세인트 제임스 게이트 브루어리St. James Gate Brewery 바로 인근에 위치해있으며, 해당 건물 또한 1904년부터 발효 설비가 있던 공장으로 쓰였다고 한다. 총 7층으로 이루어진 기네스 스토어 하우스는 일반 양조장 투어와 달리 즐길거리가 매우 많다. 기네스의 역사와 기네스의 특별함을 소개하는 공간부터, 기네스를 탭에서 직접 따라볼 수 있는 공간, 음식과 함께 기네스를 즐길 수 있는 레스토랑, 펍이 무려 6군데나 존재한다. 이곳에서도 가장 인기 있는 곳은 7층의 그래비티 바Gravity Bar. 360도 통유리로 이루어진 이 공간은 더블린 시내 전망을 가장 잘 감상할 수 있는 장소로 알려져 있다. 스카이 라운지에서 더블린 시내를 감상하며 즐기는 기네스 한잔은 더블린 여행을 보다 완벽하게 만들어줄 것이라 믿어 의심치 않는다.

---

1 Nicky Ryan, "The Guinness Storehouse is still the most popular tourist attraction in Ireland", The Journal.ie, 1st Jan, 2018, http://www.thejournal.ie/guinness-storehouse-visitor-numbers-2-3775913-Jan2018/

스미딕스 체험장 Smithwick's Experience

아일랜드를 대표하는 또 다른 맥주, 스미딕스. 아이리시 레드에일^{Irish Red} 이라는 스타일을 대표할 만한 맥주이다. 킬케니^{Killkenny} 라는 지역에 있으며, 동명의 이름을 가진 맥주 킬케니와 혼동하기 쉽다. 1700년대부터 1964년까지 스미딕스 가문에 의해 스미딕스 맥주가 생산되어왔고, 1964년에 기네스와 디아지오 그룹에 경영 지분이 넘어간 이후로도 2013년 12월까지 해당 장소에서 맥주 생산을 계속해왔다. 현재 스미딕스 맥주는 기네스와 동일한 더블린 세인트 제임스 게이트 양조장에서 생산되고, 킬케니에 있는 해당 지점은 현재 투어 목적으로 양조시설을 둘러볼 수 있게끔 설비가 갖추어진 상태이다.

킬케니라는 맥주는 스미딕스와 똑같은 아이리시 레드 에일 스타일이자, 마찬가지로 기네스 더블린 양조장에서 생산되는 맥주이다. 스미딕스 양조장이 기네스에 인수된 후 유럽과 캐나다에 수출하기 위해 조금 더 스트롱하고 쓴맛이 강조된 버전으로 만들어졌으며, 스미딕스라는 발음이 어려워 킬케니라는 이름으로 브랜딩하여 판매하기 시작했다고 한다. 스미딕스와 킬케니는 거의 구분하기 힘들 정도로 비슷하지만, 킬케니는 기네스와 마찬가지로 질소주입을 이용하여 크림처럼 부드러운 거품층을 형성한다.

아이리시 레드에일을 대표하는 맥주답게, 양조장 건물은 멋스러운 자줏빛 붉은색으로 칠해져 있으며, 양조장 투어를 마치고 맥주를 시음해볼 수 있는 공간도 온통 붉은 빛으로 아일랜드 펍 분위기를 자아내고 있다. 기네스만큼이나 두터운 팬층을 형성하고 있는 맥주로서, 아일랜드에 가게된다면 한번쯤 방문해도 좋을 곳. 더블린에서는 차로 약 1시간 30분 정도 소요된다.

아일랜드 또한 스코틀랜드와 마찬가지로 5000년이 넘는 양조 역사를 가졌지만, 아일랜드에 있던 수 많은 양조장들은 19세기 후반과 20세기에 들어서며 쇠퇴의 길을 걷기 시작했다. 18세기를 거쳐 19세기 초반까지만 하더라도 아일랜드 전역의 양조장 수는 200곳이 넘게 있었으며 그중 더블린Dublin에만 55개의 양조장이 위치해있었다. 하지만 아일랜드 독립전쟁Irish War of Independence과 제2차 세계대전World War II 이후 전세계적인 경기 침체를 겪으며 많은 아일랜드의 소규모 양조장들은 문을 닫게 되었다. 아일랜드에 남은 양조장들은 경제적인 이해 관계 속에서 통폐합되고 점차 사라져갔다. 기네스를 비롯한 매우 소수의 대형 브랜드만이 살아남았으며, 다양성 또한 매우 급격히 줄어들었다.[1] 1980~90년대에 들어서야 전세계적인 크래프트 맥주의 붐을 타고 아일랜드의 젊은 양조가들이 양조산업에 뛰어들기 시작하였다. 쇠락의 길로 들어설 것만 같았던 아일랜드의 양조산업에도 이제야 드리워진 희망의 불씨가 더욱 살아나길 고대해본다.

---

1 John McKenna and Sally McKenna, "A History of beer in Ireland", John and Sally McKennas' Guides

❶ 기네스 Guinness

기네스를 빼놓고 아일랜드 맥주에 대해 이야기한다는 것은 상상할 수 없을 정도로 유명한 양조장이다. 1759년, 아서 기네스^{Arthur Guinness}에 의해 더블린에 세인트 제임스 게이트 양조장^{St. James's Gate} Brewery이라는 이름으로 기네스 양조장이 설립되었다. 앞서 소개되었듯이 아이리시 드라이 스타우트라는 장르가 탄생하게 된 곳이며, 현재는 디아지오라는 영국의 다국적 알코올 음료 회사에 소속되어 전세계 어디에서나 쉽게 접할 수 있고 사랑 받는 맥주 브랜드가 되었다.

❷ 머피스 Murphy's

1856년, 제임스 머피^{James Jeremiah Murphy}에 의해 아일랜드 코크^{Cork}라는 지역에 설립된 머피스 양조장은 1906년까지만해도 기네스 다음으로 아일랜드에서 두 번째 큰 양조장이었다. 주력제품은 머피스 아이리시 스타우트^{Murphy's Irish Stout}로서 기네스와 마찬가지로 드라이 스타우트다. 머피스는 광고에서 경쟁자 (기네스)보다 쓴맛이 덜하다고 광고한 것으로 유명하다. 1983년 하이네켄에 인수된 이후, 1856년도에 만들어지던 레이디스 웰 에일^{Lady's Well Ale} (머피 양조장의 초기 이름이 레이디스 웰 양조장)이 해외마켓용으로 머피스 아이리시 레드^{Murphy's Irish Red}라

는 이름으로 재 탄생하기도 하였다. [2]

❸ 스미딕스 Smithwick's

아이리시 레드 에일을 대표하는 스미딕스 양조장은 1710년, 존 스미딕John Smithwick에 의해 아일랜드 킬케니 지역에 설립되었다. 앞서 소개되었듯이 1965년에 기네스에 인수되었고 2013년에 양조장이 문을 닫을 때까지 아일랜드에서 가장 오래된 양조장이었다. 현재는 기네스의 세인트 제임스 게이트 양조장에서 생산되고 있다.

❹ 설리번스 Sullivan's

1702년, 아일랜드 킬케니 지역에서 설리번 (정확한 이름은 알려지지 않은 듯 하다)이라는 사람에 의해 양조장이 설립되었다. 그 당시 맥주의 품질이 들쭉날쭉한 소규모 양조장들에 비해 설리번의 레드 에일Sullivan's Red Ale은 안정적인 품질과 훌륭한 맛을 제공하며 사람들에게 사랑을 받았다. 하지만 후대의 마스터 설리반이라는 사람은 양조업에는 관심이 없었으며, 도박을 일삼다가 1918년경 양조장 문을 닫게까지 만든다. 그로부터 2016년, 설리번과 스미딕 두 가문의 파트너쉽에 의해 설리번스

---

2 RJ Distributing Company, "Murphy's Irish Red", 2014

양조장이 다시 문을 열게 되었고, 킬케니를 비롯하여 아일랜드를 대표할 만한 레드 에일을 다시 생산하게 되었다. 스미딕스와 비교하여 어떤 레드 에일이 더 맛있을지 비교하며 맛 보는 것도 좋을 듯하다.

이미지 출처 : Trinity Brand Group, "Sullivan's Brewery, Resurrecting a Centuries-Old Brand for Modern Times"

❺ 비미쉬 Beamish

머피스와 마찬가지로 아일랜드 코크 지역에 위치한 이 양조장은 윌리엄 비미쉬^{William Beamish}와 윌리엄 크로포드^{William Crawford}에 의해 비미쉬와 크로포드^{Beamish & Crawford}라는 이름으로 설립되었다.

머피스보다 앞선 1792년에 설립되었으며, 많은 다국적 기업들에 소속되었다가 2009년 양조장은 문을 닫았다. 다만 비미쉬의 스타우트^{Beamish Stout}는 같은 하이네켄 계열인 머피스 양조장에서 계속 생산되고 있다.

맥주 스타일 소개
Beer Style Guide 8
Irish Red Ale

아이리시 드라이 스타우트와 더불어 또 하나의 아일랜드 스타일 맥주, 아이리시 레드 에일^{Irish Red Ale}. 이름만 보아도 이것은 아일랜드만의 고유한 맥주 스타일이구나 하고 누구든 알 수 있지만, 사실 아이리시 레드 에일이 정말 하나의 고유한 장르인지 아닌지에 대한 의견은 분분하다.[1] 아이리시 드라이 스타우트가 영국 본토의 포터, 스타우트에 영향을 받은 것과 마찬가지로, 아이리시 레드 에일은 영국의 비터 스타일과 매우 흡사한 부분이 많으며, 정확히 어느 시점부터 어떻게 만들어지기 시작했는지에 대한 자료가 많지 않아 이들을 하나의 장르로 구분할 필요가 없다고 보는 시각도 있다. 하지만 스카치 에일 또한 잉글랜드의 IPA나 스트롱 / 올드 에일에 영향을 받았으며, 심지어 영국식 IPA와 미국식 IPA와 같이 하나의 장르 안에서도 그 나라만의 특징을 구분하여 완전히 다른 스타일로 여기는 것을 볼 때, 아이리시 레드 에일도 아일랜드만의 고유한 스타일로 여기는데 큰 무리가 없다고 본다. 근래 크래프트 맥주가 유행하면서 미국 등 다양한 곳에서 아이리시 레드 에일을

---

1 Brad Smith, "Irish Red Ale Recipes", Aug 24th, 2011, Beer Smith Home Brewing Blog

현대식으로 재해석한 흥미로운 시도가 많이 이루어지고 있으며, 대중들에게
도 상당히 많은 사랑을 받고 있다.

전통적인 아이리시 레드 에일은 영국식 비터와 마찬가지로 매우 가볍고
부드러우며 홉의 특징이 강하지 않다. 다만 영국식 비터와의 차이점은 구
운 맥아나 검은 몰트를 사용해 카라멜과 같은 달콤한 맥아의 특징에서 뒷맛
은 드라이한 느낌이 남는다. 스코틀랜드식 에일과 비교해서는 몰트의 단맛
이 훨씬 적게 느껴지며 무게감도 무척이나 가벼운 편이다. 오늘날에는 많은
양의 홉을 투여하여, 상당히 홉피한 – Hoppy; 쌉쌀하면서도 화사한 홉 식물
의 특징이 드러나는 – 특성을 갖는 미국식 재해석에 의해 많은 사람들이 관
심을 갖게 되었다.

- Irish Red Ale

알코올 함량	• 3.8 ~ 5.0 %
대표적인 상업 맥주	• 킬케니 아이리시 비어 Kilkenny Irish Beer • 스미딕스 아이리시 에일 Smithwick's Irish Ale

영국의 맥주 축제들, 그리고
CAMRA와 크래프트 비어 Craft Beer

- 리얼 에일 캠페인, 캄라 CAMRA(CAMpaign for Real Ale)와 크래프트 맥주 Craft Beer 이야기

- 영국 맥주 축제 Great British Beer Festival, GBBF

- 런던 크래프트 맥주 축제 London Craft Beer Festival, LCBF

- 버몬지 비어 마일 Bermonsey Beer Mile

  ** 주목할 만한 영국, 아일랜드 크래프트 양조장
     Craft Beers in the UK and Ireland

- 런던 최고의 힙 플레이스, 쇼디치 Shoreditch

  ** 사이다 스타일 소개 Cider Style Guide – 사과발효주 Cider

- 돌아이 양조장 브루독 Brewdog,
  그리고 스코틀랜드 펍 크롤링 Pub Crawling

영국의 맥주 축제들, 그리고 CAMRA와 크래프트 비어 Craft Beer

리얼 에일 캠페인, 캄라 *CAMRA*와
크래프트 맥주 *Craft Beer* 이야기

영국에서의 일정이 거의 끝났지만, 아직 소개하지 못한 내용들이 남아 있다. 그것은 바로 영국에서 즐긴 맥주 축제 이야기와 중간중간 방문했던 영국산 크래프트 맥주 펍 & 양조장 방문기. 앞에서는 영국 맥주의 다양한 스타일을 소개하고자 여행 흐름에 맞추어 그때그때 마신 전통 에일 위주로 이야기를 진행해 왔지만, 한편으로는 요즘 유행하고 있는 미국식 크래프트 맥주에 영향을 받은 영국산 크래프트 맥주들도 종종 접하였고, 상당히 훌륭하고 인상적인 현대 맥주들이 있어 추가적인 이야기를 조금 더 하고자 한다.

대부분의 나라에서는 버드와이저, 밀러, 하이네켄, 칼스버그와 같은 대규모 생산^{Mass production}의 페일/라이트 라거^{Pale / Light Lager}와 요즘 유행하는 소규모 크래프트 맥주^{Micro-brewing Craft Beers} 시장이 대치하는 상황이지만, 영국의 경우에는 전통적인 리얼 에일^{Real Ale}이라는 또 다른 소규모 시장이 하나 더 존재한다.

1971년에 CAMRA^{CAMpaign for Real Ale} 라는 단체에서 처음 도입한 리얼 에일이라는 용어는, 대부분의 현대 맥주가 양조장에서 발효를 마치고 난 뒤 병이나 철제 케그^{keg}에 주입이 될 때 효모의 여과 및 맥주의 살균을 거쳐 보관이 되는데 반해, 전통적인 영국 에일들은 효모의 필터링 없이 나무로 된 캐스크cask에 보관이 되기 때문에 이를 구분하고자 도입한 개념이다. 맥주를 철제 케그에 보관하면 외부로부터 공기가 완벽하게 차단되지만, 나무로 된 캐스크에 보관한 전통 맥주는 남아있는 효모가 미량의 외부 공기와 지속적으로 접촉이 되어, 시간이 지날수록 서서히 추가발효가 일어나게 된다. 따라서 시간에 따라 맥주의 풍미가 서서히 변하게 되고, 이는 마치 살아있는 상태와 같다고 여겨 진짜 맥주라는 뜻의 리얼 에일이라고 부른다. 또한 사람들에게 리얼 에일을 알리고자 설립된 이 캠페인은 오랜 세월 동안 유지되어 오던 전통 있는 영국 전역의 소규모 양조장이 현대의 기술과 대량생산에 밀려 사라져가는 것을 막고, 이를 부흥시키고자 하는데 그 의의가 있다. 대기업의 획일적인 라거 맥주들과 차별된다는 점에 있어 현대의 소규모 크래프트 맥주 문화와 비슷한 점이 있다고 볼 수 있다.

출처 : CAMRA 공식 홈페이지

매년 8월 중순쯤 약 5일간 열리는 영국 맥주축제[Great British Beer Festival] (GBBF)는 이러한 영국 전통 방식의 소규모 맥주 문화를 살리고자 CAMRA에서 주최하는 가장 큰 행사로, 해마다 약 65,000명이나 되는 사람들이 방문하는 영국에서 가장 큰 맥주 축제이다. 해당 지역이 아니면 접하기도 힘든 영국 전역의 다양한 전통 에일들이 가득한 GBBF는 이번 여행 때 한번은 꼭 들려보고 싶었던 행사였다. 현대 크래프트 맥주들에 비하면 대체로 가벼운 영국식 에일들이 주 라고 하지만, 흥겨운 분위기 속에서 한 잔 두 잔 마시다 보면 금새 취기가 오를 수 있으니 만약 가게 된다면 속을 든든히 하고 천천히 즐기는 것이 좋다.

여담이지만, GBBF에는 영국산 현대 크래프트 맥주들이 없다. 이는 다름 아닌 CAMRA에서 지정한 리얼 에일[Real Ale]의 요건인 '캐스크 안에서 자연적으로 발현하는 2차 발효에 의한 탄산만으로 맥주가 제공되어야 하고, 추가적인 탄산 주입을 금한다'는 내용 때문인데, 이 때문에 전통적인 에일과 현대 크래프트 맥주들은 소규모의 개성있는 맥주들을 다룬다는 점에서는 공통분모가 있지만, 맥주 행사에서는 배타적인 입장을 취하고 있어 서로를 아우르지는 못하고 있는 상황이다.[1,2] 그래서 실제로 영국산 젊은 크래프트 양조장들은 GBBF가 열리는 같은 기간에 LCBF라는 런던 크래프트 맥주 축제[London Craft Beer Festival]를 열고 있는데, 어찌 보면 젊은 층과 장년층이 나뉘는 모양새가 형성되는 것 같기도 하다. 막상 GBBF에 직접 방문해보니 참여 양조장에

---

1 현대 크래프트 양조장 중, 유일하게 쏜브릿지[Thornbridge]가 리얼 에일에 해당하는 요건을 만족시키며 최근 몇 년간 GBBF에 참가해왔는데, 이 때문인지 2018년 기준, 젊은 신생양조장들도 조금씩 점차 GBBF에 참여하는 추세로 보인다. 그래도 다섯 손가락 안에 꼽을 정도로 여전히 적은 편이다.

2 Brewdog UK, CAMRA Cancels Brewdog's GBBF Bar, 19/07/2011, Brewdog Blog

서 나온 사람들 대부분이 나이가 지긋하신 분들이 많았는데, 이렇게 의미 있는 행사와 전통을 다음 세대와 함께 오랫동안 이어나가려면 뭔가 새로운 대안도 함께 고려하는 것이 좋지 않을까 하는 생각이 들곤 한다.[3]

---

3 Martyn Cornell, A tale of two beer festivals: GBBF versus LCBF, 31/08/2013, Martyn Cornell's Zythophle blog

영국 맥주 축제

Great British Beer Festival, GBBF

해가 저물어가는 저녁쯤, 고단한 하루를 마무리할 시간에 웨스트 런던에 위치한 켄싱턴 올림피아 역^{Kensington Olympia}을 향했다. 딱히 관광지도 아닌 이곳에 방문한 이유는 영국 최대의 맥주 축제 GBBF, Great Beer Festival에 참관하기 위해서다. 올림피아 컨퍼런스 센터라는 운동장만한 크기의 실내에 들어서면, 영국 전역에서 날아온 약 400곳의 양조장들이 무려 1000가지나 되는 맥주를 분주하게 서빙하고 있다.[1]

세계에서 가장 큰 맥주 축제 중 하나라고 해도 과언이 아닌 GBBF는 무려 1975년부터 시작하여, 규모면으로 보나 참가자 수로 보나 월드 클래스급 맥주 행사임에 틀림이 없다. 매년 약 65,000여 명의 사람들이 방문하고, 판매되는 맥주만해도 350,000 잔이라고 하니, 이 어마어마한 행사 크기가 상상이 되는가?[2] 뿐만 아니라, 행사 스케줄 중간중간 맥주에 관한 강의도 이루어지고 있어 즐길거리가 매우 가득하다.

---

1 Dave Haste, The Best Beer Festivals in London in August 2018, 31/07/2018, Londonist

2 Marc Holmes, festival organiser, speech in the Volunteer's Arms, Great British Beer Festival, 5 August 2006

티켓을 발권 받고 전시장 입구에 들어서자마자 엄청난 크기에 입이 딱 벌어진다. 웬만한 운동 경기장만한 크기에, GBBF 행사를 알리는 대형 현수막이 하늘에 큼지막하게 걸려있어 이게 실내 행사가 맞는지 분간이 어려울 정도이다. 낮 12시부터 열린 행사지만 느지막한 저녁에 참가한 나는 엄청난 인파 속에서 무엇부터 해야 할지 정신을 못 차리다가, 눈앞에 보이는 안내 데스크에 가서 시음용 잔을 먼저 구입했다. 제공하는 잔은 사이즈에 따라 1/3 파인트, 1/2 하프 파인트 그리고 1 파인트 3종류. 가격은 크기에 상관없이 보증금 3파운드이며, 행사가 끝나고 기념품으로 가져가도 좋고 이곳에 다시 반납하면 3파운드를 그대로 다시 되돌려준다. 이미 맥주를 몇 잔 마시고 온데다, 이곳에서도 다양하게 맛을 보려면 크기가 작은 사이즈가 좋겠다. 1/3파인트 잔을 구입할까 하다가 라벨에 색깔이 없다는 단순한 이유로 1/2파인트 잔으로 구매를 한다. 영국의 어느 펍이든 대부분 그렇듯, 여기 행사장에서도 사실 1/2파인트나 1파인트 잔을 들고 1/3파인트만 따라달라며 가격을 계산해도 알아서 다 따라주니, 큰 잔으로 구매해도 상관없다.

귀여운 사이즈의 잔을 들고, 무엇부터 마실까 두리번거리며 돌아다닌다.

맛보고 싶은 리스트를 몇 가지 봐두었지만, 이곳에 오면 정말 정신이 하나도 없다. 그냥 취한 사람들과 같이 정신 줄을 놓고 즐기기만 하면 그만. 가장 먼저 눈에 들어온 곳은 풀러스^{Fuller's} 양조장이었다. 아무래도 영국을 대표하는 규모가 꽤 큰 양조장이기 때문에 부스도 꽤나 크게 차려놓고 있다. 웬만한 맥주들은 한국에서도 많이 맛을 보기도 하였고, GBBF 행사 오기 직전에도 퓰러스 펍에 들러 몇 가지 맛을 보고 온 터라 처음 본 시즈널 에일 한 잔만 간단히 맛보기로 하였다.

퓰러스의 퀸터센셜 브리티시 페일 에일^{Quintessen-}^{tial British Pale Ale}. 무언가 '본질적이고 완벽함에 가까운, 전형적인'이라는 뜻을 갖고 있는 이름답게 캐스크 펌프에 붙어있는 맥주 라벨도 무척이나 영국스러운 느낌이라 가장 눈에 띄었다.

"1/3파인트만 따라주세요."
라고 해도, 맥주 인심 후한 영국 서버들은 이렇게 하프 파인트 잔에 꽉 채워 제공해주었다.

오렌지 빛에 가까운 밝은 호박색 바디. 거품은 매우 얇게 생성되어있다. 달콤한 캐러멜 몰트향이 느껴지며, 홉이 가져다 주는 과일 향, 꽃 향기는 크게 느껴지지 않는다. 맛 또한 향과 크게 다르지 않는데, 곡물에 의한 맥아가 가져다 주는 달콤함이 베이스로 깔려있고, 홉이 가져다 주는 풀 잎, 솔 잎의 쌉쌀한 맛이 가벼운 탄산과 어우러져 굉장히 좋은 밸런스를 보여주고 있다. 느껴지는 홉의 특성만 보더라도 정말 준수하고 표본이 될 만한 영국식 비터 스타일임이 분명하다. 가볍게 시작한 첫 잔으로는 아주 좋은 선택이었던 것 같다.

나중에 찾아보고 알았지만 이 맥주는 행사를 참가했던 그 달에 처음 출시된 맥주였다고 한다. 이렇게 신선한 신제품을 맛볼 수 있는 것도 GBBF 행사의 큰 매력이다.

몇 모금 홀짝이며 분위기를 즐기고 있는데, 갑자기 등 뒤에서 누가 내 어깨를 잡는다. '응? 이건 뭐지……' 하고 뒤를 돌아보니, 기분 좋게 취한 영국인 아저씨 두 명이 내게 말을 건네온다.

"안녕, 친구. 넌 어디서 왔니?"

이곳 행사장에서 2~3시간 정도 있는 내내 아시아계 사람들은 한 팀도 보질 못했으니, 혼자 맥주 즐기고 있는 내가 신기했던 모양이다. 여행 내내 종종 있었던 일이라 이제는 그러려니 한다. 한국에서 왔다고 하니, 자기도 일 때문에 종종 한국에 가는데 무척이나 반갑다고 한다. 그나저나 너 18살도 안되어 보이는데, 여기서 맥주 마셔도 되냐고 한다. 이 아저씨들이 거나하게 취했던지, 정말 서양 사람들 눈엔 동양인이 꽤나 어려 보이는 모양이다.

"나 이래봬도 나이 서른 넘었어. 맥주 좋아한 지 10년도 넘었으니 괜찮아."
라고 말하니 완전 믿을 수 없다는 반응이다.

상당히 즐거워 보이는 이 두 아저씨는 같이 인증 사진도 찍고 페이스북 친구도 하자고 한다. 혼자서 돌아다니려니 심심하던 찰나에, 유쾌한 아저씨들 덕분에 나도 덩달아 신이 난다. 무거운 카메라를 들고 있던 나는 셀카를 남기지 못했지만, 아저씨들은 술이 깬 다음날에도 나를 기억할까? 핸드폰 사진을 넘겨보며 지난 날 있었던 즐거운 기억을 잘 간직했으면 하는 바람이다.

자리를 옮겨가며 축제에 점점 빠져들기 시작한다. 가벼운 클래식 에일이라도 한 잔, 두 잔 들이키다 보니,

조금씩 점점 취해가며 맥주 축제를 즐기기에 더할 나위 없이 흥이 돋는다. 여행 다니는 내내 만날 수 없었던 유명 클래식 에일들도 이번 축제를 통해 한자리에서 마셔 볼 수 있었고, 특히나 GBBF 행사에서 챔피언 상을 수상한 맥주도 몇몇 운 좋게 맛 볼 수가 있었다. GBBF 행사를 하는 5일 동안 훌륭한 맥주들에 대해 챔피언 골드, 실버, 블론드 메달을 수여하는데, 아무래도 인기가 많은 맥주들은 다른 것들보다 일찍 동이 나기 때문에 늦은 시간에는 맛을 보지 못하는 경우도 많다.

　운동 경기장만한 크기의 홀을 열심히 돌아다니며 총 2가지의 챔피언 맥주를 마셔봤는데, 그중에서도 춤추는 오리 양조장^{Dancing Duck Brewery}의 Dark Drake가 상당히 괜찮았었다. 영국 중부지역의 더비^{Derby}라는 동네에 위치한 이 양조장은 2010년도에 들어서 생긴 신생 양조장이다. 비교적 젊은 양조가들에 의해 만들어지는 현대 크래프트 양조장의 맥주들만큼 강렬한 맛을 지닌 것은 아니지만, 계속 가벼운 비터^{Bitter} 계열의 맥주 위주로 마시고 있었기 때문인지 중간쯤에 마신 이 Dark Drake 스타우트 한 잔이 매우 달콤하고도 깊은 맛을 선사해주었다. 흥겹게 돌아다니며 조금씩 맛을 보고 따로 적어두질 않아서 맛이 일일이 다 기억 나진 않지만, 상당히 유쾌하고도 재미있는 시간이었다.

행사장 곳곳에는 소소한 오락거리들도 마련을 해두고 있었다. 한 쪽에는 라이브 음악을 즐기는 무대가 있고, 간단한 요기거리들을 판매하는 푸드 가판대도 설치되어 행사장에 오래 머물러도 허기를 달랠 곳을 곳곳에서 쉽게 찾아볼 수 있다. 맥주 관련 책이나 다양한 소품들도 꽤 많은 종류가 구비되어 있어 구경하는 것만으로도 상당히 즐겁다. 낮 시간에는 맥주에 관한 강의들도 예약제로 운영하고 있으니, 관심 있는 사람들은 한번쯤 들러보는 것도 무척이나 도움이 될 듯 하다.

CAMRA에서 운영하는 또 다른 맥주 축제 National Winter Ales Festival(NWAF)의 2017년도 포스터. 2018년부터는 GBBF Winter로 이름을 변경하여 GBBF와 통일하였다. 여름에는 주로 비터 계열의 가벼운 맥주 위주였다면 GBBF Winter는 포터, 스타우트나 잉글리시 발리와인 같은 묵직하고 상대적으로 도수가 높은 맥주들이 주를 이룬다.

런던 크래프트 맥주 축제

London Craft Beer Festival, LCBF

런던 크래프트 맥주 축제. LCBF라고도 불리는 이 행사는 매년 8월 초, 중순경 GBBF (Great British Beer Festival)와 비슷한 시기에 열린다. GBBF가 5일, LCBF가 3일정도 열리는데, 날짜만 잘 맞춘다면 두 행사 모두 참여할 수 있으니 시간 조율을 잘 해보면 좋을 것이다. 2013년 처음 열린 LCBF는 19개의 양조장이 참가하여 시작하였으나,(그마저도 영국 이외의 양조장들도 더러 있었다) 현재는 거의 100군데의 양조장에서 참여하여 짧은 기간 안에 그 규모가 엄청나게 커졌다. GBBF에 비해 상대적으로 신생 브루어리들이 주된 참여자들이기 때문에 상당히 젊고 역동적인 분위기를 느낄 수 있다.

여행 중간에 낀 스코틀랜드 여행과 주말에는 뒤에 소개할 버몬지 비어 마일에 다녀오느라 LCBF를 직접 가보지 못한 게 무척이나 아쉽지만, 본인처럼 행사에 참여하지 못했다 하더라도 요즘은 크래프트 맥주 시장이 무척이나 커져버려서 런던 시내 어딜 돌아다니든 맛 좋은 맥주를 찾기란 그리 어렵지 않을 것이다.

이미지 출처 : LCBF 공식 홈페이지

영국의 맥주 축제들, 그리고 CAMRA와 크래프트 비어 Craft Beer

버몬지 비어 마일 *Bermondsey Beer Mile*

1970년대 후반쯤 미국에서 시작된 크래프트 맥주 문화가 90년대와 2000년대 초반을 거쳐 더욱 부흥하면서 유럽을 비롯하여 전 세계적인 붐을 일으키고 있다. 그중에서도 영국은 다른 유럽 국가들에 비해 크래프트 맥주 문화를 비교적 빨리 받아들인 편인데, 크래프트 맥주 스타일 중에서도 대중들에게 널리 인기가 좋은 IPA나 스타우트 같은 스타일들의 근원지가 영국이라는 점이 가장 큰 요인일 것이다. 또한 영국 전역에 셀 수도 없이 존재하는 많은 소규모 지역 양조장 문화가 소규모 크래프트 맥주 문화를 빨리 받아들일 수 있게 한 배경이 아닐까 싶다.

문화의 번영은 사람들이 가장 많이 몰려드는 곳에서 시작된다. 다양한 사람들이 모여 아이디어를 나누고 새로운 시도가 이루어지며, 흥미로운 결과가 창출되기 마련이다. 크래프트 맥주 문화에서도 마찬가지로 이런 역동적인 변화를 몸소 느낄 수 있는 곳이 영국의 수도, 런던 중심부 한가운데에 있는 버몬지^{Bermondsey} 라는 동네이다. 일반 여행객이라면 생소할 수도 있는 곳이지만 맥주를 좋아하는 사람이라면 런던 여행 시 이곳을 놓치지 말아야 한다.

매주 토요일이면 이른 아침부터 젊은 친구들이 운영하는 크래프트 양조장들이 일반인에게도 오픈돼 신선한 맥주들을 마음껏 즐길 수 있다. 또한 양조장뿐 아니라 주변 일대에는 베이커리, 디저트 가게, 치즈, 하몽, 플라워샵, 커피 로스터리 등 소소한 가게들이 군데군데 위치해 있어 맥주를 잘 모르는 사람들도 이것저것 구경하며 즐기기에 아주 좋다. 런던의 다양한 마켓들이 이미 널리 알려져 있지만, 런던의 젊은 친구들과 어울리고 싶다면 주저하지 말고 토요일 아침 버몬지를 찾길 바란다.

커넬 양조장 The Kernel Brewery

주말 이른 아침부터 숙소에서 출발하여 버몬지까지 한번에 가는 버스를 타고 창 밖 풍경을 여유롭게 감상하다 보니 어느새 사드 타워^{The shard}가 보이기 시작한다. 버몬지를 알리는 안내 방송을 듣고서 하차하고 나니 아직은 이곳도 조용한 주말의 아침이다. 길거리 간이 매대를 운영하는 곳들은 슬슬 오픈 준비를 하느라 분주한 듯하고 거리에 사람은 아직 많지 않아 한산하기만 하다. 조금만 늦어도 엄청난 인파로 양조장의 줄이 꽤나 길어진다는 얘기를 진작에 들어서 아침 9시부터 문을 여는 커넬^{The Kernel Brewery}로 바삐 향하였다. 익숙하지 않은 동네라 길을 조금 헤매다 도착해서인가, 9시를 많이 넘지 않은 시간이었음에도 불구하고 양조장 안에 위치한 테이블 자리는 이미 만석이다.

이른 아침부터 이렇게 열성적으로 찾아온 나도 대단하지만, 나보다 더 빨리 와서 이미 자리를 차지하고 있는 이 사람들은 모두 대체 무엇 하는 사람들이란 말인가. 의외로 유학생들처럼 보이는 인도, 중국 사람 등 다양한 인종들이 보이는 걸로 보아 이 양조장이 얼마나 알려져 있는지 다시금 느끼게 되었다.

가게 입구에 들어서면 엄청난 양의 맥주 병들이 종류별로 가지런히 전시되어 있다. 병입 된지 얼마 안된 상당히 신선한 녀석들로, 양조 시기에 따라 그때그때 리스트가 다른 듯 하다. 칠판에는 바틀로 파는 맥주 리스트가 빼곡히 써있고, 12병씩 박스 단위로 판매를 하기도 한다. 입구 우측에 나 있는 테이스팅 룸 테이블들을 지나서 반대편 뒤쪽으로 가면, 그곳에는 탭에서 바로 뽑아서 신선하게 마실 수 있도록 조그마한 바를 갖추고 있다. 바틀 리스트보다는 그 가짓수가 적지만, 다양한 맥주 스타일이 고루 갖춰져 있어 이만해도 상당히 훌륭하다.

가벼운 테이블 비어[1]부터 시작해서, 페일 에일 2종, IPA 1종, 브라운 에일

---

1 테이블 비어^{Table Beer}. 식사 때마다 편하게 곁들일 수 있어 식탁에 흔히 오른다는 뜻으로, 가벼운 맥주를 일컫는다. 안전한 물이 보장받지 못한 유럽에서는 물 대신 가볍게 음료를 마시는 문화가 보편화 되어있다. 18세기 영국에서는 맥주에 세금을 매기는 등급이 Strong, Table, Small로 나뉘어있었는데, 1차세계대전 이후 영국 맥주들이 전체적으로 가벼워짐에 따라 테이블 비어의 의미가 거의 사라졌다. 테이블 비어라 하면 흔히들 벨기에나 프랑스에서 접하기 쉬운 세종^{Saison}이나 비어드가르드^{Bière de garde} 스타일과 같은 농주(農酒)^{Farmhouse ale}을 떠올리는 사람들이 많은데, 사실 이들은 테이블 비어의 한 종류일 뿐, 영국에서도 18세기 중반까지는 테이블 비어라고 부르는 맥주를 흔히 접할 수 있었다.

과 스타우트 각 1종, 시큼한 맥주^{Sour ale} 2종. 이만하면 흠잡을 데 없는 완벽한 리스트라고 보아도 되겠다. 조금씩 모두 맛보고 싶은 마음에 샘플러가 없는지 물어보지만 원하는 맥주를 말하면 직원이 조금씩 따라주겠다고 한다. 낯짝이 두꺼운 편이 아닌 나는, 모든 맥주를 일일이 하나하나 다 달라고 말하기 민망해서 두어 가지 맛을 보다가 내가 가장 좋아하는 걸로 한 잔 주문한다. 대부분의 영국 양조장이나 펍에서는 맥주를 소량씩 다양하게 파는 샘플러는 의외로 잘 없고, 직원에게 부탁하면 몇 가지 시음해볼 수 있게끔 무료로 조금씩 따라준다. 차라리 돈을 내고 모든 종류를 다 조금씩 시킬 수 있는 편이 더 마음이 편하겠거늘, 주량이 약한 나는 하는 수 없이 라즈베리 사워 에일을 1/2 파인트로 주문한다.

맥주 인심 후한 영국인들이 따라준 1/2 파인트. 2/3는 족히 되어 보인다.

그러므로 현재는 세션 비어^{Session beer}와 같은 가벼운 맥주를 모두 테이블 비어라고 봐도 무방하다.
Ron Pattinson, "Table Beer", History by the Glass, Issue #77, June 2013, Beer Advocate Articles

본인들이 만든 사워 에일이 런던의 대표라는 자부심이 느껴지는 듯한 이름의 런던 사워 에일^{London Sour Ale}. 배럴에 숙성된 기본 스타일과 라즈베리를 첨가한 2가지 중, 기본 스타일은 병으로 하나 구입하고 라즈베리가 들어간 걸로 주문하였다. 짙은 주홍색의 맥주가 기다란 플루트 잔의 아름다운 곡선을 타고 흘러내리더니, 잔은 어느새 내가 주문한 양 이상으로 가득 찼다. 주홍빛 바디에 살포시 형성된 얇은 거품층이 사라지기 전에 아름다운 자태를 놓치지 않으려고 사진으로 한껏 담아본다. 레모네이드와 같은 시큼 산뜻한 향, 라즈베리에 의한 달콤한 시럽 같은 느낌과 화사한 과일향이 식욕을 돋군다. 레몬, 자몽, 라즈베리, 크렌베리, 레드 커런트^{Red currant} 와 같은 새콤한 과일 맛들이 너무 진득하지 않게 입안을 가득 메우며, 목마른 갈증을 해소시켜준다. 오호라, 과연 영국을 대표하는 사워 에일답다. 새콤한 매력이 침샘을 자극하여 자꾸만 잔을 들게끔 만들었다.

맛보기용으로 조금 받아온 배럴 숙성 런던 사워^{Barrel Aged London Sour Ale}도 함께 맛보며 아침부터 술이 술술 들어가기 시작한다. 버몬지에서 들러보아야 할 곳이 산더미 같이 많이 남아 첫 출발부터 많이 마시기 부담스럽지만, 이렇게 훌륭한 맥주를 남기는 것 또한 예의가 아니라는 핑계로 천천히 음미하며 얼마 남지 않은 여행을 즐겨본다.

브루 바이 넘버 양조장 B.B. No. (Brew By Numbers)

버몬지 비어 마일 중간중간에 위치하고 있는 치즈 & 유제품 가게, 베이커리들을 구경하며 다음으로 도착한 곳은 브루 바이 넘버 양조장^{Brew by Numbers}. 병 라벨에 두 가지 숫자 조합으로만 이름을 붙여놓아 궁금증을 자아내는 양조장인데, 그 의미는 사실 무척이나 심플하다. 앞의 두 자릿수는 그들이 양조한 맥주의 스타일을 구분하기 위해 임의대로 붙인 숫자이고, 뒤의 두 자

릿수는 그 스타일에서 사용된 레시피^{recipe}의 구분을 의미한다. 예를 들면 메뉴판에 있는 11/03의 처음 11은 여름에 마시기 좋은 가벼운 Session IPA를 뜻하고, 뒤의 03은 모자이크^{Mosaic} 홉을 사용한 레시피라는 의미이다. 또 다른 맥주인 11/11은 마찬가지로 Session IPA 스타일이지만, 뒤의 11은 아마릴로^{Amarillo}와 심코^{Simcoe} 홉을 사용하여 만들었다는 의미를 갖고 있다. 이렇게 앞자리 두 숫자는 같으면서 뒤에 있는 두 자리 숫자가 다르다면, 같은 스타일

의 맥주를 서로 다른 레시피 – 주로 맥주 재료들 – 를 사용하여 만든 것이기 때문에 그 차이를 음미하며 맛보는 것도 브루 바이 넘버의 맥주들을 즐기는 재미이다.

물 한 잔 마시며 무얼 시킬까 한참을 고민하다가, 시트라^{Citra} 홉과 모자이크^{Mosaic} 홉이 들어간 05/11 IPA를 한 잔 주문하였다. 짙은 노란 빛깔에 풍성한 헤드가 가득한 IPA가 한 잔 나오는데, 서빙되는 잔이 상당히 독특하고 멋

스럽다. 와인과 맥주잔으로 유명
한 독일의 유리제품^{Glassware} 업체
슈피겔라우^{Spiegelau}의 맥주잔과 그
모습이 언뜻 닮아있는데, 슈피겔라
우 잔이 그만의 독특한 둥글둥글한
곡선을 가졌다면, 브루 바이 넘버의
잔은 비슷한 생김새에 보다 각진 모
습이 조금 더 내 취향이었다. 아무

래도 그 독특한 모양의 맥주잔이 너무 예뻐서 일까, 이곳에서는 처음 맥주를
주문할 때 잔 보증금으로 3유로를 따로 받는다. 아무래도 맥주를 마시다가
취기가 올라 이 아름다운 잔을 깨뜨려버리거나 소유하고 싶은 마음이 들어
빈 잔을 반납하지 않고 집으로 고이 모셔 가는 사람들이 많은 모양이다. 선진
국일수록 시민들의 의식이 보다 성숙할 것이라고 생각되지만, 이러한 모습
을 보면 꼭 그렇지 만도 않은 모양이다.

　영국의 선선한 여름 날씨에 시원한 모던 IPA 한 잔을 들이킨다. 너무 무겁
지도, 많이 가볍지도 않은 묵직한 맥주 한 잔이 벌컥벌컥 넘어간다. 상당히음
용성이 좋다. 신선한 홉이 가져다 주는 솔잎과 같은 쌉쌀함과 함께, 망고주
스, 귤 껍질, 백향과와 같은 열대과일의 풍미가 입안에 조화롭게 퍼진다. 갓
만들어진 신선한 맥주가 선사하는 황홀함은, 아침 일찍부터 부단히 돌아다
니며 몰려올 것 같던 피로를 금방 달아나게 만들어주었다. 아침 일찍부터 숙
소 주인 아주머니께서 만들어주신 베이글 샌드위치를 꺼내 간단한 브런치를
즐긴다. 방울토마토와 멜론도 몇 조각 곁들여졌는데, 신선한 빵과 야채 그리
고 과일들이 맥주와도 무척이나 잘 어울린다.

반쯤 마신 맥주 잔을 들고 아직은 한적해 보이는 바에 다시 가서 양조가들과 잠시 이야기를 나누었다. 미국에서부터 시작된 크래프트 맥주의 열풍으로 인해, 맥주의 본고장인 이곳 영국에서도 미국 맥주를 마시며 많은 영감을 받았지만, 브루 바이 넘버 양조가 그들 자신은 더 이상 미국 맥주를 마시지 않는다고 한다. 미국으로부터 맥주가 수입 되는 과정에서 신선도가 많이 떨어지게 되는데, 현재는 영국에서 만들어지는 크래프트 맥주들의 수준도 매우 올라갔기 때문에 굳이 멀리서 날아오며 망가지는 맥주를 어렵게 구해 마실 필요가 없다고 한다. 자국에서 만들어져서 바로 소비되는 신선한 맥주들만큼 훌륭한 건 없다는 것이 그들의 지론이다. 그래서 그들의 훌륭한 맥주도 영국 전역으로만 유통할 뿐, 다른 나라로의 수출은 아직 생각도 않고 있다고 한다. 소비자에게 늘 신선한 맥주를 제공하며 좋은 품질을 유지하고픈 마음이 그들의 생각인 듯 하다.

이야기를 듣고 있다 보니, 왠지 모르게 한국의 크래프트 맥주시장과 업계에서 일하는 다양한 사람들이 떠올랐다. 불과 몇 년 전에 비하여 해가 갈수록 나날이 발전하고 있는 한국 맥주의 품질은 이미 어디에 내놓아도 손색이 없을 정도로 훌륭한 것들이 많아졌고, 예전에 비해 맥주를 즐기는 사람 수도 확연히 늘었음을 실감하고 있는 요즘이다. 새로운 시장을 창출하며 한국 맥주의 발전을 위해 부단히 노력하는 사람들이 있어 앞으로가 더더욱 기대된다.

점심시간 즈음이 지나자, 거리는 아침보다 더 활기를 띤다. 길거리 가게들과 간이 매대들도 대부분 문을 열었고 많은 사람들이 모여들기 시작하였다. 양조장도 이미 만석이 되어 사람들은 길거리 바깥으로까지 나와 서서 맥주를 즐기기 시작하였고 거리의 음식점들은 다양한 요깃거리를 팔고 있다. 즉석에

서 바로 만들어주는 피자, 오이스터 구이, 먹음직스러운 다양한 빵들. 보기만
해도 아름다운 음식도 많고, 맥주처럼 자신들이 직접 만들어 온 애플사이다,
땅콩 잼, 초콜릿 등을 판매하기도 하였다. 시간 가는 줄 모르며 거리 구경을
하다 보니 그 다음 목적지인 또 다른 양조장에 다다랐다.

앤스파크 & 홉데이 양조장 A&H Brewery (Anspach & Hobday)

2014년 문을 연 앤스파크와 홉데이 양조장은 폴 앤스파크^{Paul Anspach}와 잭 홉데이^{Jack Hobday} 두 사람이 집에서 홈브루잉^{Home Brewing}을 하며 창업을 하게 되었다. 대부분의 신생 양조장들은 집 뒤뜰 창고에서 자가양조를 하다가 창업을 하게 되는데, 이는 실리콘밸리에 형성되어 있는 IT 업계와 매우 비슷하다는 느낌을 지울 수 없다. 마이크로소프트^{Microsoft}, 애플^{Apple}, 구글^{Google}, 아마존^{Amazon}, 휴렛 패커드^{Hewlett-Packard} 등 내로라하는 IT업계의 거물들은 집 뒤뜰 창고에서 사업을 처음 시작했다. 크래프트 맥주의 양조도 대개 집에서 자가양조를 하다가 본격적인 상업 양조를 하며 크기를 키워나가게 되는데, 스코틀랜드의 유명한 크래프트 양조장 브루독의 경우처럼 나중에는 대기업에 인수되며 막대한 돈을 거머쥐게 되는 경우도 비일비재하다. 그런 면에 있어, 크래프트 맥주의 이런 흥미진진한 매력은 정말 무궁무진하다고 할 수 있겠다.

버몬지에서 세 번째로 들린 이곳은 이미 사람들로 만석이었다. 주문 줄이 길게 늘어서 있어 나도 얼른 그 틈으로 합류하였다. 냉장고에는 테이크 아웃이 가능한 맥주병들이 가득하고, 드래프트로는 8가지의 맥주가 준비되어 있었다. 다행히도 이곳 A&H에서는 1/3 파인트씩 3가지의 맥주를 고를 수 있는 샘플러가 준비되어 있어, 다양하게 조금씩 맛보기도 가능했다. 페일 에일, 인디아 페일 에일 그리고 포터와 같은 어딜 가나 볼 수 있는 기본적인 라인업들이 있었지만, 몇몇 흔치 않은 스타일들이 눈에 띄어 3가지를 주문하였다.

스모크 세종^{Smoked Saison}, 사워 드라이 홉^{Sour Dry Hop} 그리고 더블 IPA처럼 상당한 양의 홉을 넣었을 것 같은 이름의 더블 아이피 세종^{Double IPSasion}. 모두 준수한 편이다. 생긴지 얼마 안된 곳이라 그런지 약간의 아쉬운 점도 느

우측부터 스모크 세종, 사워 드라이홉, 더블아이피 세종

꺼졌으나, 재미있는 시도가 돋보였다.

　세종^{Saison}이라 함은 벨기에 스타일의 팜하우스 에일^{Farmhouse ale}로도 불리는데, 벨기에 남부 왈로니아 지역의 농가에서 주로 만들어지던 가벼운 맥주들을 말한다. 농가에서 일을 하다가 중간에 쉴 때 한잔씩 걸치는, 우리나라로 치면 막걸리와 비슷한 개념의 맥주이다. 보통 세종 효모^{Saison Yeast}라고 하는 캐릭터가 특징인데, 에스테르^{Ester}에 의한 바나나와 같은 과일 향과 함께, 치과 약품 맛 같은 페놀 향이 느껴진다. 이런 기본적인 세종 스타일에 조금 더 변형을 주기 위해 A&H는 훈연을 시킨 몰트를 사용해 페놀릭한 피트^{Peat} 캐릭터와 구수함을 강조하였다. 그러면서도 세종의 특징인 가벼운 바디감을 유지함으로써 자칫 무거울 수 있는 스모키한 맥주를 부담 없이 마실 수 있게끔 두 가지 스타일의 조합을 아주 적절하게 잘 이루어내었다.

사워 드라이 홉이라 함은 현대 크래프트 맥주 양조기법에서 흔히 쓰이는, 드라이 홉핑Dry-hopping을 사용한 시큼한 맥주Sour ale을 의미하는데, 최근에 유행하는 굉장히 트렌디한 스타일 중 하나이다. 용어 자체는 일반적으로 쓰이는 맥주 스타일은 아니고 2가지 스타일을 합쳐 A&H에서 붙인 이름이다. 홉Hop은 Humulus Lupulus라는 학명을 가진 식물 자체 혹은 그 식물의 꽃을 일컫는데, 무수히 많은 종이 있지만 크게 2가지 범주로 나뉠 수 있다. 첫째로 맥주에 쓴맛을 내기 위해 사용되는 홉은 알파 산Alpha Acids이 많이 함유된 것으로, 맥주의 원료인 맥즙이 끓는 초기에 투여된다.[3] 간단히 쓴맛을 내는 홉 Bittering hops이라고도 부른다. 둘째로 맥주에 다양한 향과 풍미를 내기 위해 사용되는 홉은 아로마 홉Aroma hops이라고도 하며, 베타 산Beta Acids이 많이 함유되어 있다. 주로 맥즙의 끓는 과정이 거의 끝나가는 시점에 투여하여 베타 산이 함유된 홉 오일이 증발하는 것을 방지하고, 되도록 맥즙에 스며들게 한다. 다만 최근에는 이렇게 맥즙의 끓는 과정 마지막에 아로마 홉을 넣는 것보다, 그 이후에 효모와 발효가 진행 중일 때 혹은 심지어 맥주를 다 만들고 병입을 할 때 아로마 홉을 투입하기도 하는데, 이러한 기술을 드라이 홉핑이라고 한다. 홉이 가진 풍미를 훨씬 부각시킬 수 있어 현대 크래프트 양조에서 이제는 매우 널리 쓰이는 기술이다.

즉, 사워 드라이 홉이란 이름은 신맛이 나는 맥주에 드라이 홉핑 기법을 이용하여 아로마 홉이 가져오는 감귤류, 열대과일, 솔 향과 같은 각종 향과 풍미를 부여함으로써 최근 크래프트 맥주의 유행인 맥주의 신맛과 홉의 아로마를 모두 가미하는 시도를 하였음을 보여주고 있다.

---

3 높은 온도에 의해 Alpha acid는 isomerized되어 iso-alpha-acid로 형태가 변해 이것이 쓴맛을 일으킨다

마치 오렌지 주스를 연상케 하는 짙은 노란색이 입맛을 다시게 만든다. 새콤한 향이 올라오는 이 맥주는 레몬 과즙을 짜 넣은 것 마냥 신맛이 가볍게 도드라진다. 요거트에서 느껴지는 젖산$^{Lactic\ Acid}$과 약간의 단 맛이 어우러져 있다. 홉에 의한 캐릭터는 생각보다 크게 느껴지지 않아 좀 아쉬운 점이 있지만 낮에 가볍게 마시기 좋아 부담이 없다.

세 번째 맥주는 많은 양의 몰트와 다량의 홉을 투여하여 상당히 높은 도수를 자랑하는 더블 IPA와 세종 스타일이 혼합된 더블 아이피 세종. 도수도 8.9%를 자랑한다. 주황빛이 감도는 이 맥주는 열대과일과 같은 향이 꽤나 풍성하게 올라온다. 파인애플이나 자몽의 과즙 같은 느낌에 솔잎의 강렬한 매서움이 거침없다. 탄산은 생각보다 약하며, 높은 도수에도 불구하고 알코올 느낌은 많이 느껴지지 않는다. 홉의 헤비함 때문인지 세종 효모의 특징은 크게 드러나진 않지만 은은히 느껴지는 캐릭터가 두 스타일간의 결합을 잘 보여주고 있었다.

여타 양조장들과는 달리 이곳은 기본적인 맥주 스타일에 그들만의 개성을 담아 새로움을 많이 시도하는 것이 돋보여 흥미로웠다. 다만 맥주 마니아들이 열광하고 꾸준히 찾는 곳은 기본을 잘하는 곳이다. 이곳의 맥주도 상당히 준수한 편이지만 월드 클래스급 맥주들에 비하면 아쉬움도 많이 느껴지는 곳이었다. A&H의 모든 맥주를 다 마셔보진 못했지만 꾸준히 발전해서 기본 내실도 더 다져진다면 영국에서뿐만 아니라 전세계에서 사람들이 몰려 맥주를 마시려고 줄을 서게 되지 않을까 생각이 들었다.

더 바틀샵 The Bottle Shop

앤스파크 홉데이 양조장 바로 근처에는 유명한 바틀샵이 하나 있다. 가게 이름도 아주 심플하게 더 바틀샵The bottle shop이다. 맥주를 좋아하는 사람이

라면 버몬지 거리를 돌아다니며 이 가게를 놓치긴 쉽지 않을 것이다. 가게 문 바깥으로 앞마당까지 잔뜩 놓여있는 철제 캐스크를 보면 이곳은 틀림없는 맥주 핫 플레이스라는 것을 바로 알 수 있다. 다른 바틀샵들과 달리 이곳은 드래프트로도 맥주를 판매하고 있어, 여타 펍처럼 맥주를 주문해 그 자리에서 즐길 수 있다. 대신 앉아서 마실 수 있는 공간이 매우 제한적이라 이곳에 몰리는 많은 사람들은 언제나 가게 바깥에까지 나와 서서 맥주를 즐긴다. 이렇게 넘쳐나는 사람들 때문에 아마도 빈 캐스크를 이용해 바리케이드를 쳐 놓은 게 아닌가 싶다.

맥주는 이미 잔뜩 마셨으니, 병에 담긴 맥주들은 무엇 무엇이 있나 찬찬히 둘러본다. 사실 굉장히 기대했던 것에 비하면 매장이 그리 크지 않고, 맥주의 가짓수도 그렇게 많은 편은 아니라는 생각이 들었다. 먼저 다녀온 버로우 마켓의 유토비어나 브루독에서 운영하는 바틀독^{Bottle Dog}에 비하면 크게 구미를 당길만한 것이 잘 안보였다. 물론 갖추고 있는 맥주들도 모두 매우 훌륭한 것들이지만, 아마 가짓수가 생각보다 많지 않아서 아쉬움이 들었던 것 같다.

하지만 이곳의 진가는 맥주를 정말 사랑하는 많은 사람들을 쉽게 만날 수 있는 점이 아닐까 싶다. 일주일 중 유일하게 토요일에만 일반인들에게 문을 열어 맥주를 판매하는 양조장들이 모인 버몬지라는 비어 마일에서 굳이 시간을 내어 이곳에 모인 사람들은 아마도 런던에서 맥주를 가장 사랑하는 친구들이 아닐까 싶다. 부단히 양조장들을 돌아다니다가도 지치면 이곳에 모여 버몬지가 아닌 다른 곳에서 생산된 맥주들도 즐기며 담소를 나누는 이곳이야말로 버몬지에서 최종적으로 들리게 되는 목적지가 아닌가 하는 생각이 들었다. 맥주 한 잔 들고 이곳을 서성이다 보면 어느 샌가 런던의 비어긱^{Beer geek}들과 함께하고 있는 자신을 발견하게 될지도 모른다.

버몬지 비어 마일의 양조장들과 가볼만 한 가게들

늦은 오후에는 또 다른 곳으로 이동하느라 버몬지 구석구석 모든 양조장을 다 가보지는 못하였지만 양조장들뿐만 아니라 다양한 먹거리들로 유명한 가게들 또한 여기저기 산재해있다. 일주일 중, 토요일 하루만 여는 가게들이 많으므로 하루를 온전히 버몬지에 쏟을 수만 있다면 여유롭게 둘러보기를 추천한다.

• 파르티잔 양조장 Partizan Brewing

2012년 오픈한 파르티잔 양조장은 버몬지 비어 마일의 남쪽에 위치해 있다. 꼭 가보고 싶었던 양조장 중 하나였지만 시간 관계상 못 들러 본 것이 무척이나 아쉽다. 마치 피카소나 마리스칼의 그림과 같은 느낌을 연상케 하는 그들의 맥주 라벨들은 하나의 미술 작품과도 같다.

이미지 출처 : Partizan Brewing 공식 홈페이지

최근 2017년 말에 확장 이전한 파르티잔 양조장은 기존보다 2배나 더 많은 맥주를 만들 수 있는 생산량을 확보했다고 한다. 여전히 버몬지 비어 마일 인근에 위치해 있으며, 기존 자리는 어피니티 양조장^{Affinity Brewing}과 스파르탄 양조장^{Spartan} 양조장이 들어섰다고 하니, 버몬지에서 맛볼 수 있는 맥주들은 더욱 풍성해졌다. 파르티잔의 병맥주들은 영국 전역 어딜 여행해도 쉽

게 발견할 수 있는 편이라, 양조장에 직접 가볼 기회가 여의치 않더라도 그들의 맥주를 한번쯤 즐겨보길 바란다.

양조장 탭룸 마저 독특하다. 마치 알레산드로 멘디니 Alessandro Mendini 작품 같은 느낌의 탭 핸들
이미지 출처 : Seth Bradley, Google Local Guide, 20/Jan/2018

이미지 출처 : ohbeautifulbeer.com, 5/Mar/2013,
Label designed by Alec Doherty

• 무어 맥주 저장고 및 탭 룸 Moor Beer Co. Vaults & Tap Room

영국 브리스톨Bristol에 근거지를 두고 있는 무어는 스스로를 현대의 리얼에일Modern Real Ale이라고 칭한다. 전통의 방식처럼 여과를 거치지 않은 맥주를 만들면서도 현대의 크래프트 맥주들처럼 실험적이면서도 다양한 라인업을 보유한다. 18년 3월에 문을 연 버몬지의 무어 저장고 및 탭룸은 양조시설은 없고 오로지 맥주가 담긴 배럴들만 가득하다. 브리스톨에서 만들어진 맥주 중, 배럴 숙성에 의한 캐릭터를 가미하려는 맥주들은 이곳으로 와 나무 배럴에 장기간 보관되며 소비자들에게 판매되기만을 기다리고 있다. 다만 저장고로 쓰이는 이곳 입구에는 바를 만들어 일반 소비자들에게 무어의 맥주들을 드래프트로 즐길 수 있게끔 해두었다. 파르티잔과 마찬가지로 영국 전역 어딜 가나 접하기 쉬운 편이지만 무어에서 직접 운영하는 탭룸에 들린다면 보다 신선한 맥주를 즐길 수 있을 것이다.

이미지 출처 : Darren, "Moor Beer set to officially open Bermondsey site", 12/Mar/2018, Beer News, Business News, Beer Today

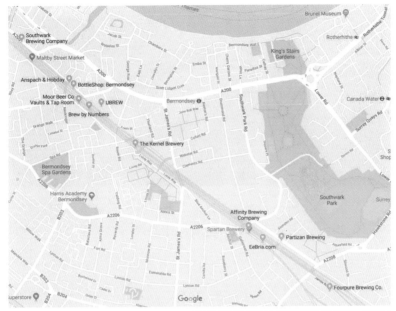

버몬지 비어 마일 지도 Bermondsey Beer Mile Map : 앞서 언급한 양조장들 이외에도 지도에 표시된 맥주 양조장들 모두 이름난 곳들이다. Fourpure, Ubrew 양조장들도 영국 내에서 인지도가 꽤 있으며, 이브리아 Eebria는 온라인에서 유명한 바틀샵이었지만 현재 버몬지에 탭룸을 오픈하여 금요일저녁과 토요일 오후에 문을 열고 있다. 영국 전역의 맥주들을 쉽게 만나볼 수 있으며 행사도 자주 진행하니 미리 체크해보는 것도 좋다.

• 닐스 야드 유제품 가게 Neal's Yard Dairy

1979년에 처음 설립된 닐스 야드는 수공예 치즈^{Artisanal Cheese} 소매점이다. 예전에는 치즈 생산도 직접 했지만 현재는 영국 전역에서 소량 생산되는 치즈들을 모아 판매한다고 한다. 주로 영국, 아일랜드 산 치즈를 취급한다. 막상 가게 안으로 들어가 다양한 치즈들을 구경하다 보면, 많은 가짓수에 눈이 휘둥그레지기 마련이다. 무엇을 골라야 할지 잘 모르겠다면 친절한 점원에게 문의해보자. 다양한 치즈들을 조금씩 맛볼 수 있게 해줄 것이다. 체다 치즈^{Cheddar Cheese}의 본고장인 영국 시골 농가에서 만들어진 다양한 치즈들을 맛보아도 좋

고, 닐스 야드에서 직접 숙성시킨 치즈들도 다양하게 있으니 입맛대로 골라보
는 것도 재미이다.

• 햄 & 치즈 컴퍼니 The Ham & Cheese Company

버몬지의 닐스 야드 유제품 가게 바로 옆에 위치한 햄&치즈 컴퍼니는 숙
성된 햄과 치즈를 취급한다. 2005년에 버로우 마켓에서 작은 매대를 운영하
며, 오로지 파마산 치즈만 취급하던 곳이 사업이 점점 커지며 현재는 이탈리
아와 남부 프랑스에서 직접 공수해온 제품들을 판매하고 있다. 소규모의 독
립적인 낙농장과 도축업자들로부터 최고의 품질만을 받아오기 위해, 두 달
에 한 번씩 직접 이탈리아와 남부 프랑스를 다니며 그들과 긴밀한 관계를 유
지해오고 있다. 치즈와 더불어 햄, 소시지, 샤퀴테리^{Charcuterie}와 같은 다양한
육류들을 맛볼 수 있으니 맥주를 마시다가 안주가 필요하다면 이곳만큼 완
벽한 장소는 없을 것이다.

• 바 토지노 Bar Tozino

버몬지 몰트비 거리^{Maltby Street}에 위치한 스페인 바르셀로나 스타일의 타파스 바이다. 스페인 어느 한적한 시골에 위치한 와인 저장고 같은 느낌의 이곳은 다양한 와인 리스트를 보유하고 있으며 천장에 주렁주렁 매달린 큼지막한 하몽은 굉장히 이국적인 분위기를 자아낸다. 하몽을 주문하면 만화 영화 고인돌 가족 플린스톤 Flintstones에나 나올 것 같은 큼지막한 몽둥이 모양의 고깃덩어리를 손님 앞으로 가져와 그 자리에서 썰어서 내어준다. 인기가 좋아 늘 만석인 것도 모자라 굉장히 붐빌 수 있으므로 시간 조절을 잘 해보는 것이 좋다.

이미지 출처 : Bar Tozino 공식 홈페이지

• 런던 허니 컴퍼니 The London Honey Company

버몬지에서 유기농 꿀과, 관련된 제품들을 판매하는 곳. 1999년, 스티브 벤보우Steve Benbow는 고향인 슈롭Shropshire을 그리워하다가 시골의 정취를 일부 도시로 가져오고자 건물 옥상에서 벌을 키워보기로 결심한다. 그 당시 도시에서 양봉업을 한다는 것은 굉장히 낯선 일이었는데, 그는 사람들이 유기농 식재료에 대한 관심이 많다는 것에 착안하여 사업을 하기로 결심을 하고 머지 않아 금새 입소문이 나기 시작한다. 영국의 명차 포트넘 앤 메이슨Fortnum and Mason과 테이트 미술관Tate Art Gallery 등에 초대 받기도 하였다. 스티브의 벌집Honeycomb은 영국의 유명 쉐프들의 식재료로 사용되기도 하며, 그의 저서 "도시 양봉Urban Beekeeper"은 한국어로 번역돼 시중에서도 구매해 볼 수 있다. 2005년에는 꿀로 만든 발효 술 미드Mead도 생산하기 시작하여, 꿀과 관련된 각종 제품을 비롯한 맛있는 술도 즐길 수 있으니 유기농에 관심이 많은 사람이라면 꼭 한번 들러 봐야 할 곳이다.

이미지 출처 : The London Honey Company 공식 홈페이지

• 잉글랜드 프리저브 England Preserves

수공예 잼 전문점. 2001년부터 사업을 시작한 잉글랜드 프리저브는 설탕을 적게 쓰고 영국에서 자란 과일들을 더욱 많이 집어 넣음으로써, 보다 깊은 맛을 선사한다. 심플하면서도 알록달록한 병 라벨 디자인이 무척이나 매력적이다. 모과나 댐슨 자두^{Damson Plum}로 만든 과일 치즈도 판매하는데, 앞서 소개한 닐스 야드 유제품가게를 비롯하여, 몬스 치즈^{Mons cheese}, 런던 치즈몽거^{London Cheesemongers}, 라 프로마쥬리^{La Fromagerie}와 같은 유명 치즈가게에도 납품되고 있다. 토요일 오전에만 가게 문을 연다.

이미지 출처 : England Preserves 공식 홈페이지

• 버몬지 증류소 : 젠슨 진 Bermondsey Distillery : Jensen's Gin

런던하면 빼놓을 수 없는 것 중 하나가 바로 진^{Gin}일 것이다. 네덜란드와 벨기에의 전통 술로 알려진 예네버^{Genever}에서 발전한 진은 1689년, 윌리엄 3세가 왕위에 오르면서 영국에 보급화된다. 프랑스산 브랜디를 비롯한 수입산 증류주에 높은 세금을 매기면서 영국산 진은 가난한 사람들도 마시는 증류주가 되었다.

크리스티안 젠슨Christian Jenson은 더 이상 생산되지 않는 오래된 런던 진들을 마시며 역사 속으로 사라져버린 런던 진을 만들기로 다짐한다. 버몬지에 소규모 증류소를 설치한 그는 여러 번의 실험 끝에 17~18세기에 유행하던 런던 드라이 진London Dry Gin과 올드 톰 진Old Tom Gin을 개발해낸다. 기가막힌 밸런스를 자랑하는 그의 진은 런던의 6번째 소규모 크래프트 진으로 알려져 있으며, 영국을 여행한다면 꼭 한번쯤 맛보아야 할 기호식품이라 하겠다. 토요일과 일요일 오후에만 테이스팅 룸을 운영하고 있으며 미리 예약한다면 증류소도 둘러볼 수 있다.

버몬지에는 여기서 소개되지 못한 무수히 많은 가게들이 있다. 맥주뿐만 아니라 와인, 애플 사이다, 미드, 런던 진 등 다양한 주종을 즐길 수 있으며 그에 걸맞은 맛난 음식들과 함께 할 수 있어, 애주가와 미식가들에게 사랑 받는 곳이라 할 수 있겠다. 또한 버몬지는 젊은이들의 거리답게 굉장히 빠른 속도로 변하고 있다. 새로운 가게들이 글을 쓰고 있는 지금도 계속 생겨나고 있을지도 모른다. 독자들이 여행을 가게 될 쯤이면 또 다른 재미난 곳들이 수도 없이 많아졌을지 모르니 최신 정보를 체크하고 가는 것을 추천한다.

전세계적으로 불고 있는 크래프트 양조의 거센 영향은 영국에도 예외가 아니다. 매년 새로운 양조장들이 수 없이 생겨나고 있으며 사람들이 선호하는 순위도 매번 새로 갱신될 정도이니 말이다. 인기 있는 양조장만 나열하더라도 페이지가 부족할 정도지만, 책에서 언급되지 못한 양조장 중 유행보다는 꾸준한 사랑을 받거나 그 지역의 특색을 잘 반영하고 있는 곳 위주로 몇 군데 소개하고자 한다. 막상 여행을 간다면 지금은 존재하지도 않을 신예 양조장들이 혜성처럼 또 나타나있을지 모르지만 아래 양조장들은 여전히 자리를 굳건히 지킬 만큼 훌륭한 곳들이다.

❶ **클라우드워터 Cloudwater (Manchester, England)**

2014년에 설립되어 2015년에 첫 맥주를 양조한 신생 양조장이지만 맥주평가 사이트, 레이트비어^{RateBeer}에서 선정한 Best brewers in the world에서 2016년에 5위, 2017년에 2위를 차지할 만큼 인지도가 높다.[1] 미국의 버몬트^{Vermont},

---

1 Joseph Tucker (Executive Director), "Best Brewers - Top 100 Brewers in the world", Rate Beer Best Awards for the year 2016 / 2017, RateBeer.com

메인^{Maine}, 매사추세츠^{Massachusetts}
등을 아우르는 뉴잉글랜드^{New Eng-}
^{land} 지역에서 유행한 뉴잉글랜드
스타일 IPA^{New England IPA}를 그 이
외의 지역에서 가장 훌륭하게 잘

만들어내 마니아들을 열광케 했다. 뉴잉글랜드 스타일 IPA는 홉 주스^{Hop}
^{Juice}란 말이 있을 정도로 짙고 탁하며 굉장히 묵직하지만, 부담 없이 즐길 수
있는 것이 특징이다.

❷ 밀스 Mills (Berkeley, England)

2019년 1월 기준, 맥주 평가 사이트 언탭드
^{Untappd}에서 잉글랜드 지역 최고의 양조장^{Top}
^{Rated Breweries - England} 1위를 차지할 만큼 현재
영국에서 가장 핫한 양조장이다. 젠과 조니^{Gen}
^{& Jonny}라는 부부가 한적한 시골마을에서 자연
발효를 통해 맥주를 만들고 직접 블렌딩을 한

다. 벨기에의 전통 기법을 차용했지만 영국 지역만의 문화가 녹아있어 인기
가 많은 듯 하다. 병 라벨의 훌륭한 그림^{Paint Artwork}을 감상하는 것 또한 재
미이다.

❸ 비버타운 Beavertown (London, England)

런던의 토트넘 지역에 위치한 비버타운 양조장은 2011년에 설립되었다. 브루독과 더불어 영국 밖에서도 인기가 좋다. 미국식 페일 에일 스타일인 감마 레이$^{Gamma Ray}$가 가장 대표적이다. 2018년 6월에는 새로운 양조장을 짓기 위한 자본마련을 위해 지분의 일부를 하이네켄에 넘겨 크래프트 맥주 마니아들에게 공분을 사기도 했다. 비록 전체를 팔아 넘긴 것은 아니지만 대기업 지분이 조금이라도 영향을 미치는 것에 매우 민감한 모양새이다.

❹ 트라콰이어 Traquair (Innerleithen, Scotland)

양조장이 있는 트라콰이어 하우스는 스코틀랜드에서 사람이 실제 거주하는 가장 오래된 집으로 알려져 있는 곳이다. 성은 아니지만 요새처럼 지어진 대저택이다. 15세기 이후에 지어진 것으로 추정되며 몇 세기에 걸쳐 주인이 계속 바뀌다가, 1965년 피터 맥스웰 스튜어트 $^{Peter Maxwell Stewart}$가 집안 청소를 하다가 양조 설비를 발견하게 된다. 1738년에 설치된 설비로 보여지며, 보존 상태가 매우 좋아 청소 후 그대로 사용할 수 있을 정도였다. 벨헤이븐 양조가와 함께 트라콰이어 고문서를 참고하여 스코틀랜드 전통 스타일대로 레시피를 개발해내어 현재는 수출도 하지만, 연간 생산량이 10만 리터밖에 되지 않아 구하기가 쉽지만은 않다.[2] 트라콰이어 하우스 에일과 자코바이트^{Jacobite}가 유명하다.

❺ 이니스앤건 Innis & Gunn (Edinburgh, Scotland)

2003년에 설립된 이니스앤건은 다양한 스타일의 맥주들을 생산하지만, 특히 스코틀랜드 스타일의 맥주에 나무 배럴의 캐릭터를 덧입힌 맥주들로 그들만의 정체성을 드러낸다. 최근의 기교한 크래프트 맥주들에 비하면 오히려 클래식 에일에 가까울 정도로 가벼운 경향이 있지만 그래서인지 부담 없이 쉽게 접근할 수 있다. 에든버러 시내를 돌아다니다가도 쉽게 마주칠 수 있을 만큼 매우 친숙하며, 버번^{Bourbon}, 쉐리^{Sherry}와 같은 각종 배럴들과 스코틀랜드 맥주 스타일의 특징을 이해하는데 도움이 될만한 것들이 많다.

---

2 출처 : 트라콰이어 TRAQUAIR HOUSE BREWERY 공식 홈페이지

❻ 타이니 레벨 Tiny Rebel (Newport, Wales)

작은 반역자라는 뜻의 타이니 레벨은 웨일즈를 대표할만한 크래프트 양조
장이다. 2012년에 설립되었으며 캄라^{CAMRA}에서 주최하는 웨일즈 맥주축제
^{Great Welsh Beer & Cider Festival}와 영국 맥주축제^{Great British Beer Festival (GBBF)}에서
챔피언 맥주를 비롯한 각종 상을 수상할 만큼 주목 받는 곳이다. 탄탄한 기본
기를 갖고 다양한 라인업을 보유하고 있어 웨일즈를 가더라도 심심한 맥주만
마실 걱정은 하지 않아도 되겠다.

❼ 바운더리 Boundary (Belfast, Northern Ireland)

맥주에 대한 생각이 같은 사람들이 모여 만들어진 협동조합 식의 양조장이다.
2014년에 설립되었으며 모던한 스타일의 다양한 맥주들을 만든다. 다른 양
조장이나 지역 커피 로스터리와의 공동작업도 활발히 하는 편이다.

8 오하라 O'hara's (Carlow, Ireland)

아일랜드에는 이보다 더 모던하고 기교한 신생 양조장들이 많이 있지만 오하라를 소개하는 이유는 아일랜드의 정체성을 보여주는 아이리시 레드 에일이나 아이리시 드라이 스타우트를 너무 진보적이지도 않고 너무 지루하지도 않게 잘 풀어내었기 때문이다. 1996년도에 Seamus O'Hara에 의해 설립되었다. 전통적인 아일랜드 맥주들이 너무 심심하게 느껴진다면, 보다 기교한 오하라를 한번 시도해보라고 권하고 싶다.

런던 최고의 힙 플레이스,
쇼디치 *Shoreditch*

영국으로 여행을 간다고 했을 때 영국에서 꽤 오랜 기간 생활하다 온 한 지인이 언급한 딱 한 단어가 있다. "쇼디치^{Shoreditch}". 런던에서 딱 한군데만 둘러봐야 한다면, 보통 사람들이 흔히 말하는 타워 브릿지도 아니고 버킹엄 궁전, 대영박물관도 아닌, 쇼디치라니. 실은 이때까지만 해도 쇼디치란 동네를 들어본 적도 없었다. 그 어떤 여행 가이드 북에도 언급되어 있지 않았기 때문에 꽤나 흥미로웠다. 그 분의 말인 즉, 런던의 홍대와도 같은 곳이란다. 바로 구글 검색을 해보니 현란한 그래피티 벽화들과 시끌벅적해 보이는 바, 클럽들이 가득하다. 대학생 때 같았으면 이것만으로도 충분히 흥미를 자아내었겠지만 지금은 조금 다르다. 이렇게 런던에서 핫한 장소라면 트렌디한 양조장이나 크래프트 맥주 펍이 있지 않을까? 영국이라면 어딜 가든 흔히 접할 수 있는 스코틀랜드 크래프트 브루어리 브루독 바^{Brewdog Bar}가 하나 보인다.

'그래, 일단은 가서 분위기를 좀 둘러보고 정 갈 곳을 못 찾는다 하더라도 브루독 펍이 있으니 맥주 마실 곳이 아예 없진 않겠구나'
하는 생각이 든다.

쇼디치 하이 스트리트 역Shoreditch High Street Station에서 내려 주변을 돌아다니다 보니 때마침 재미있어 보이는 행사를 하고 있다. '도시 음식 축제 Urban Food Fest'. 화창한 날씨에 야외에서 펼쳐지고 있는 푸드 페스티벌은 나의 발걸음을 멈추기에 충분했다. 행사장 한쪽에서는 젊은 친구들이 라이브로 음악을 하고 있었고, 사람들은 곳곳에 앉아 푸드 트럭 음식들과 맛난 음료들을 즐기고 있었다. 처음 보는 다양한 종류의 음료들이 있었지만 맥주는 딱히 눈에 띄는 것이 의외로 없었다. 몇몇 가게를 둘러보고선 영국에서 만들어진 애플 사이다를 한번 맛보기로 하였다. 영국을 비롯한 유럽의 사이다는 우리가 흔히 생각하는 롯데 칠성 사이다나 스프라이트Sprite 와 같이 설탕이 가미된 탄산음료가 아니라, 사과즙 혹은 사과

주스를 발효시켜 만드는 알코올 음료이다. 영국은 전세계에서 1인당 사이다 소비량이 가장 많으며, 생산량 또한 프랑스와 더불어 세계에서 손꼽힐 정도의 많은 양의 사이다를 생산해 내고 있다.[1]

과수원의 돼지Orchard Pig라는 이름을 가진 사이다 양조장의 2가지 병을 구매하였다. 적당한 곳에 자리를 잡고 주변을 둘러보니 대부분의 사람들도 똑같은 것을 마시고 있었다. 영국에 와서 맥주만 마시느라 영국산 사이다 한번 제대로 맛본 적이 없었는데 많은 사람들이

---

1 The Original, National Association of Cider Makers, Jan 24, 2001

즐기는걸 보니 맛이 꽤 나쁘진 않겠다라는 생각이 들었다.

먼저 달지 않은 드라이 사이다부터 시음하였다. 사과로 만든 술이라고 하면 왠지 진득한 사과주스처럼 단맛이 강할 것 으로 생각되었는데 정말 깔끔하다. 적당한 탄산에 굉장히 가볍고 깔끔한 맛은 여름날씨에 마시기 아주 적합하였다. 절제된 단맛으로 인해 오크Oak와 같은 나무의 향Woody함이 느껴지고 약간의 탄닌Tannin도 느껴지면서 생각보다 복잡한 맛에 매료되었다.

다음은 미디움 사이다. 비슷한 탄산감에 이것 또한 역시 가볍고 청량하다. 다만 단맛이 확실히 더 느껴진다. 보다 애플주스에 더 가깝고, 약간은 레몬과도 같은 산미도 아주 약하게 느껴지는 듯 하다. 같이 곁들인 간장소스의 치킨과 찹 스테이크가 들어간 케밥과 같은 진득한 음식과 곁들이기엔 이 또한 나쁘지 않았으나, 원래 단맛을 그리 좋아하지 않는 나에겐 역시나 드라이 사이다가 좀 더 취향에 가까웠다. 어쨌든 맛있는 영국식 사이다를 즐기고 있자

니, 여행 내내 좀 더 적극적으로 사이다를 찾아보지 못했음이 조금은 아쉽기도 하였다.

　간단히 허기를 달래고서 본격적으로 쇼디치를 구석구석 둘러보기로 하였다. 아직은 해가 지지 않아 이곳의 제대로 된 분위기를 느낄 순 없었지만, 화려한 밤을 기다리며 벌써부터 흥을 돋우고 있는 젊은이들을 많이 만날 수 있었다. 쇼디치 하이스트리트 역Shoreditch High Street 근처에는 박스파크Box-park라고 하는 컨테이너 쇼핑몰이 위치해 있었다. 우리나라 건대 커먼그라운드와 비슷한 느낌의 이 공간은 다양한 팝업 가게들이 많아 시간 보내며 구경하기 좋아 보였다.

　낮부터 파티 드레스에 간단히 맥주 한 잔을 즐기고 있는 런던 친구들을 보면서 나도 슬그머니 그들의 무리 속에 녹아들기로 하였다. 이곳 저곳을 기웃거리다 보니 건물 안에 위치한 야외 공간과 마주하였다. 머리 너머에는 열차가 하늘을 가로지르며 달리고 있었고, 화창한 날씨에 깨끗한 구름을 볼 수 있어 이곳에 잠시 앉아 쉬었다 가기로 했다. 야외 바에서 선택 가능한 음료에는 영국에서 유명한 몇몇 사이다 제품들과 캠든 타운 양조장Camden Town Brewery 맥주들, 그리고 처음 보는 레드 처치 양조장Red Church Brewery의 2가지 병맥주가 있었다. 캠든 양조장의 맥주들은 국내에도 한때 일부 수입된 적이 있어 처음 보는 레드 처치 양조장의 맥주들에 눈길이 쏠렸다. 그중 하나는 이름도 쇼디치 블론드Shoreditch Blonde라 왠지 쇼디치에서 이 맥주를 발견한 이상 맛이 있고 없고를 떠나서 한번은 꼭 맛 보아야 할 것만 같았다.

　바로 두 녀석을 오픈. 먼저 맥주 스타일상 조금 더 가벼운 쇼디치 블론드부

Shoreditch Highstreet에서 마신 Redchurch Brewery 맥주들.
별 기대 없이 Shoreditch라는 이름만 보고 집어 들었지만 기대 이상으로 맛이 좋았다.

터 마셔보았다. 밝고 뿌연 황금 색깔에 풍성한 거품을 내는 이 녀석은 약간의 부드러운 홉 향과 레몬, 감귤과 같은 시트러스함, 향긋한 풀 내음을 갖고 있었다. 바로 한 모금 들이키는 순간 향에서 느껴지던 꽃 향기가 입 안에 은은하게 퍼지며, 약간의 쌉쌀한 홉 맛이 적절하게 뒤엉켜 블론드 에일 치고 상당히 풍성한 향과 맛을 내고 있었다. 그러면서도 효모의 캐릭터도 묵직하게 뒷받침되고 있어 블론드에일 특성을 여실히 보여주는 녀석으로, 별 생각 없이 마셔본 맥주치고는 상당히 만족스러운 맥주였다. 영국산 라거 몰트와 독일산 효모, 미국과 유럽산 홉의 아름다운 밸런스는 트렌디한 런던 쇼디치의 젊은 느낌을 그대로 보여주는 듯 했다.

바로 연이어 베스널^{Bethnal} 페일 에일 시음. 먼저 마신 블론드 보다는 조금 더 어두운 구릿빛 색깔에 역시나 상당히 탁하다. 영국산 마리스 오터 맥아^{Maris Otter Malt}가 사용되어 깊은 맥아의 특성 또한 느껴지며, 함께 느껴지는 쌉쌀한 홉의 풀 맛, 흙 내음과 함께 밸런스가 상당히 좋아 화창한 날씨에 야외에서 가볍게 마시기에 무척이나 좋았다.

이날은 영국에서 공부 중인 후배와 오랜만에 만나 함께 맥주를 즐기고 있었는데, 옆자리에 앉은 캐나다 여학생이 말을 건네왔다. 내 카메라에 관심을 가지며 자기도 사진 찍는 것을 참 좋아한다고 했다. 퀘벡에서 온 그녀는 미술을 전공하고 있으며, 여름 방학을 이용해 혼자 여행하러 영국에 놀러 왔다고 한다. 이틀 뒤면 이곳 런던을 뜰 예정이라고 한다. 가방에서 주섬주섬 꺼내 보여준 클래식한 카메라는 그녀가 얼마나 사진에 애착이 있는지를 여실히 보여주고 있었다. 해맑게 웃고 있는 그녀를 기념으로 사진 한 장 찍어주고선 서로 안전하게 귀국하길 기원하며 작별 인사를 하였다. 이따금 혼자 여행을 다니며 이렇게 다양한 사람들을 만나 이야기를 나누는 것도 여행에서만이 느낄 수 있는 새로움과 설렘이 아닐까 싶다.

사이다 스타일 소개
Cider Style Guide
사과발효주 Cider

　서양 국가에서는 보리를 발효하여 만든 맥주 이외에도 다양한 재료를 발효시켜 만든 발효주들이 있다. 흔히들 알고 있는 포도를 발효시켜 만든 와인을 비롯하여, 사과를 발효시켜 만든 사이다^{Cider}, 배를 발효시켜 만든 페리^{Perry}, 꿀을 발효시켜 만든 미드^{Mead} 등이 대표적인데 이 중 사과주, 사이다는 여러 서양 국가들 중에서도 영국에서 특히 인기가 많다. 전세계에서 한 사람당 사이다의 소비량이 가장 많은 곳이 바로 영국이며 실제로 길거리에 있는 아무 편의점이나 슈퍼마켓에 들어가서 주류코너를 가면 맥주, 와인만큼이나 사이다가 다양하게 구비되어 있을 정도이다.

　사이다의 알코올 함량은 대개 1.2 ~ 8.5% 사이이며, 전통적인 영국 사이다는 그 이상의 알코올을 함유하기도 한다. 영국 법상, 사이다는 최소 35% 이상의 사과주스 혹은 사과즙을 함유해야 하지만, 리얼 에일 캠페인^{CAMRA}에서는 전통방식의 리얼 사이다^{Real Cider}는 반드시 90% 이상의 신선한 사과주스로 만들어야 함을 명시하고 있다.

　사이다는 사과즙의 당분에 의해 발효되고, 남은 잔당의 함유량에 따라 드라이 사이다^{Dry Cider} 부터 스위트 사이다^{Sweet Cider}까지 나뉠 수 있다. 대개는 당분이 적을수록 사이다도 투명한 편이고, 잔당이 많이 남을수록 어둡고 거품도 매우 풍성한 편이다.

- 드라이 사이다 Dry Cider

잔당 함유량	• 0.9 % 이하

- 미디움 사이다 Medium Cider

잔당 함유량	• 0.9 % ~ 4.0 % (Off-dry 혹은 Semi-Sweet 이라고도 함)

- 스위트 사이다 Sweet Cider

잔당 함유량	• 4.0 % 이상

또한 지역에 따라 일반적인 사이다와 영국식 사이다, 프랑스식 사이다로 크게 나눌 수 있다.

일반 사이다 Common Cider는 가볍게 마시기 좋은 스타일로, 상당히 맑고 가벼운 편이다. 일반적인 스위트 사이다는 사과의 향과 풍미가 제법 느껴진다. 일반적인 드라이 사이다는 약간 떫은맛의 탄닌이 느껴지기도 하여 마치 화이트 와인을 마시는 듯한 느낌을 갖기도 한다. 최근에는 **뉴 월드 사이다**New World Cider라는 용어로도 불린다.

영국식 사이다^{English Cider}는 대개 드라이하며, 묵직한 편이다. 새콤하고 떫은 맛이 많이 느껴지며, 탄산은 상대적으로 적다. MLF^(Malo-Lactic Fermentation) 발효에 의해 시골 농장에서 나는 구수한 향이 약간 느껴지기도 하고, 쌉쌀함도 있는 편이다.

프랑스식 사이다^{French Cider}는 생산 지역에 따라 노르망디^{Normandy} 사이다와 브리타니^{Brittany} 사이다로 다시 나뉘는데(프랑스에서는 시드르^{Cidre}라고 한다), 영국식 사이다에 비해 단맛이 풍성한 편이다. 과실의 향이 많이 느껴지며, 샴페인처럼 탄산도 많은 편이다.

스페인 사이다^{Sidra(시드라)}도 유명한데 주로 아스투리아스^{Asturias}나 바스크^{Basque}, 갈리시아^{Galicia}, 칸타브리아^{Cantabria}와 같은 스페인 북부지역에서 전통적인 방식으로 생산된다. 그중에서도 아스투리아스가 가장 큰 생산지이며, 스페인 사이다 전체 생산량의 약 80%를 차지한다. 다만 전통 방식의 스페인 사이다는 표준화된 상업용 제품과 특징에 대한 이해가 아직 부족하여 정형화된 특징은 아직 정리되지 않고 있다. [1]

한편 다양한 사이다 대회의 심사위원이자 공인 씨서론^{Cicerone} 및 BJCP 심사위원인 에릭 웨스트^{Eric West}는 개인 블로그에 전통적인 스페인 사이다를 아주 시큼하고^{Sour}, 펑키한^{Funky}한 캐릭터로 묘사하고 있다. [2] 와인에 있어 조지아^{Georgia}나 슬로베니아^{Slovenia}와 같은 고대 와인을 생산하는 지역의 와인들을 내츄럴 와인으로 표현하는 것과 비슷하게 에릭은 스페인 지역의 사이다를 내츄럴 사이다로 정의하고 있다. 아스투리아스 지역의 사이다는 Sidra

---

1 'Standard Cider and Perry', Beer Judge Certification Program 2015 Style Guidelines, May 31, 2016
2 Eric West, 'Cider Styles, Old and New', Oct 21, 2015, Cider Guide

Natural, 바스크 지역의 사이다는 Sagardo Naturala 이라고 불린다고 한다.[3] 모두 내츄럴 사이다라는 뜻이다.

이외에도, 사과주는 전세계적으로 널리 재배되는 사과만큼이나 넓은 지역에서 만들어지고 있으며, 애플와인^{Applewine}(ABV. 9~12%), 아이스 사이다 ^{Ice cider}(ABV. 7~13%)와 같이 높은 도수에서 만들어진 사과주, 과일이나 허브, 향신료 등과 같이 부가 재료와 함께 만들어진 사과주처럼 매우 다양한 형태로 만들어지고 있다.

---

3 'Natural Cider', Great Lakes International Cider and Perry Competition (GLINT-CAP), Style Guidelines 2018

돌아이 양조장 브루독 *Brewdog*,
그리고 스코틀랜드 펍 크롤링 *Pub Crawling*

브루독^{Brewdog}. 스코틀랜드를 대표하는 크래프트 맥주계의 돌아이와도 같은 양조장이다. 2007년에 설립된 브루독은 강렬한 미국식 크래프트 맥주 스타일들을 다양하게 만들어오면서, 크래프트 맥주가 많이 없던 영국 및 유럽 시장에서 엄청난 인기를 끌어왔으며, 뿐만 아니라 미국 및 전세계적으로도 대중들에게 많은 사랑을 받아왔다. 가장 대표적인 펑크 IPA^{Punk IPA}를 비롯하여, 강렬한 홉의 캐릭터를 선사하는 맥주들, 진득하고 묵직한 바디감을 선사해주는 다양한 스타우트들, 심지어 41도나 되는 알코올 함량을 자랑하는 맥주 등 재미나고 기교한 맥주들을 많이 만들어 왔다. 최근에는 승승장구하는 미국 크래프트 맥주들에 비해 예전만 못하는 평도 더러 있긴 하지만, 그래도 여전히 스코틀랜드를 대표하는 크래프트 맥주계의 아이콘과도 같다고 할 수 있다. - 엎친 데 덮친 격으로 최근 많은 크래프트 양조장들이 대기업에 인수되고 있는 추세에, 17년 4월

브루독의 공동 설립자 중 한명인 제임스 와트 James Watt. 그의 똘끼 충만한 평소 모습이 브루독의 이미지를 형성하는데 큰 영향을 미친 것으로 보인다. 이미지 출처 : Peter Ranscombe, A Dog's Tale, Mar 17, 2017, BQLive

에는 브루독이 미국의 거대 투자회사 TSG Consumer Partners에 23%의 지분을 팔아 넘겨, 그들의 팬들과 크래프트 맥주 애호가들은 브루독 또한 크래프트 정신이 죽었다며 많은 논쟁을 하였다. 그때 당시 브루독의 전체 가치는 10억 파운드(약 1조 4천억 원)에 달했다.[1,2]

브루독의 메인 양조장은 스코틀랜드 애버딘^{Aberdeenshire}의 엘런^{Ellon}이라는 아주 작은 마을에 위치해 있다. 맥주 마시러 스코틀랜드까지 가는 김에 이곳을 한번 방문해볼까도 싶었지만, 짧은 일정상 에버딘까지 다녀오기엔 여의치 않아 아쉽지만 여행지에 있는 브루독 펍에서 다양한 맥주를 즐기기로 하였다. 브루독 펍은 2018년 9월 기준, 영국 전역에 37군데, 영국 외 전 세계적으로는 22군데나 있어 인기가 얼마나 대단한지 실감할 수 있다.[3] 영국 본토 곳곳에도 여러 군데 브루독 펍이 있지만, 스코틀랜드 맥주인 만큼 스코틀랜드를 여행할 때 방문하고 싶어 브루독 글래스고^{Brewdog Glasgow}와 브루독 에든버러^{Brewdog Edinburgh} 2곳을 들러 보았다. 마침 여행하다 들른 시간도 각각 한산한 오후와 늦은 밤쯤이어서 두 곳의 분위기가 사뭇 다르게 느껴지기도 하였다.

브루독 글래스고 Brewdog Glasgow

스코틀랜드에서 에든버러를 기점으로, 하루짜리 당일 여행으로 글래스고에 다녀왔다. 아침 일찍부터 도착한 기차 덕분에 매우 긴 하루를 시작하게 된

---

1 Rob Davies, 'Punk Beer maker Brewdog sells 22% of firm to private equity house', Apr 9, 2017, The Guardian
2 Brewdog, 'BREWDOG ANNOUNCES $124 MILLION INVESTMENT FROM TSG CONSUMER PARTNERS', Apr 12, 2017, Brewdog official website – Press Hub
3 18년 8월에는 서울 이태원에도 양조시설을 갖춘 브루독 펍이 문을 열었다.

글래스고 대학교

이날은 공업도시 글래스고를 즐기기에는 아주 조용하고 여유로운 느낌의 하루였다. 오래된 공동묘지가 있는 언덕 위의 글래스고 성당을 구경하고, 고풍스럽고 매력적인 글래스고 대학 캠퍼스를 마음껏 거닌 뒤, 몹시 가보고 싶었던 캘빈그로브 미술관^{Kelvingrove Art Gallery & Museum}에 들러 무척이나 보고 싶었던 살바도르 달리^{Salvador Dali}의 '십자가 성 요한의 그리스도^{Christ of St. John of the Cross}'와 소피 케이브^{Sophy cave}의 '떠다니는 얼굴들^{Floating Heads}'과 같은 작품들도 감상하였다. 그러고 나서 슬슬 배가 고파져 올 때 즈음, 미술관 정문 밖으로 나서니, 바로 길 건너에 브루독 글래스고 지점과 떡 하니 마주하게 되었다. 지도상으로 그 근방인줄은 알았지만 이렇게 정문에 바로 마주하고 있을 줄은 미처 몰랐다.

　오후 5시. 해가 긴 여름이라 저녁이라고 하기엔 아직은 이른 시간, 자리는
서너 테이블 정도 차있었고 손님들은 다들 말없이 따뜻한 햇살 아래에서 조
용한 오후를 보내고 있었다. 간단히 요기도 할 겸, 에든버러로 넘어가기 전
마지막으로 글래스고의 한적한 분위기를 느끼며 이곳
에서 잠시 쉬어가기로 했다. 테이블에 비치는 환한 햇
살이 마치 카페에 브런치를 먹으러 온 기분이 들게끔
만들어 주었다. 메뉴 판을 한참이나 보다가 눈에 들
어온 맥주는 프레리 양조장^{Prairie Artisan Ales}의 Some-
where ale. 미국 맥주이지만 그때 당시 이 맥주는 무척
이나 맛보고 싶었던 터라 브루독의 기본 라인업보다
도 먼저 눈에 들어왔다.

영국에 맥주 마시러 가자

"헤이, 나 Prairie의 Somewhere Ale 마시고 싶은데 한 잔만 줄래?"

"Best choice." (최고의 선택이야!)

얍실한 플루트 잔Flute Glass에 적색 빛이 감도는 맥주가 얇지만 조밀한 거품층을 내며 서빙되었다. 신맛의 농가(農家) 에일Sour Farmhouse Ale. 앞서 런던의 앤스파크 홉데이 A&H에서 맛본 세종Saison과 같이 농가에서 만들어지던 가벼운 스타일의 맥주인데[4], 프레리에서 내어놓은 Somewhere ale은 신맛을 내는 공정Sour Process을 거쳐 만들어진 신 맥주Sour Ale와 혼합Blending하여 매우 새콤한 맛을 낸다. 과거에는 맥주에서 신맛이 나면 맛이 변하여 망가진 것으로 여겼으나, 현대 크래프트 맥주에서는 이런 신맛을 즐기는 사람들이 많아 일부러 신맛을 내는 공법을 이용하기도 한다. 개인의 입맛에 따라 선호도가 갈리지만, 새콤한 과일이나 식초처럼 침샘을 자극하며 입맛을 돋우는 매력이 있다.

프레리의 Somewhere 맥주는 이렇게 신맛의 맥주를 혼합한 것에 모자라, 여기에 오렌지, 레몬 등의 감귤류를 첨가하여 시큼한 맛을 더욱 부각시켰다. 이런 신맛을 좋아하는 맥주 애호가들은 거의 식초를 마신다며 대중적이지 않은 입맛을 은연중에 드러내기도 하는데, 여행 당시만해도 신맛이 나는 맥주들은 국내에서 거의 찾아보기 어려웠던 터라 본인도 스코틀랜드에서 이 미국 맥주를 만나게 되어 무척이나 반가웠다.

하루 종일 열심히 돌아다닌 탓에 배가 고파 음식도 곁들였다. 브루독 펍은 맥주 못지 않게 음식 또한 매우 기교하다Crafty고 익히 들어온 탓에 무얼 먹을지 고심하였다. 배 채우기에 만만해 보이는 버거류를 먹기로 결정, 그중에서

---

4 전통적인 농가 에일farmhouse ale이 아니라 이렇게 현대 크래프트 맥주에서 일컫는 farm-house ale은 실제 농가에서 만들어졌다기 보단 가벼운 맥주를 의미한다고 보면 된다.

도 가장 기본에 충실해 보이는 아메리칸 싸이카우^{American Psycow}를 주문하였다. 작명 센스도 상당히 마음에 든다. (채식주의자를 위한 버거 이름은 비바 라스베기스^{Viva Las Veggies}다.)

브루독 양조장이 위치한 애버딘^{Aberdeen} 지역에서 유명한 앵거스 소고기^{Angus beef}에 브루독의 기본 라인업 맥주 중 하나인 레드 에일 Five AM Saint Red Ale을 가미하여 만든 패티, 이탈리안 프로슈토 햄, 체다 치즈, 피클, 구운 양파에 다시 한번 Five AM Saint Red Ale을 이용하여 만든 특별 소스를 얹어 완성된 버거. 설명만 보아도 군침이 돌았다.

얼마 지나지 않아 주문한 메뉴가 테이블에 도착했다. 버거에는 스테이크 썰 때나 사용할 것 같은 두꺼운 나이프가 터프하게 꽂혀있었고, 따로 내어진 타르타르 소스와 함께 작은 딤플^{Dimple} 머그잔에는 매콤한 양념가루가 뿌려진 감자튀김도 함께 제공되었다. 맥주 펍다운 아이디어가 돋보였다.

한참 맛있게 버거를 먹다가 맥주 한 잔으로는 역시 아쉬워 이번엔 홉 캐릭터가 강렬한 IPA를 한 잔 시키기로 하였다. 브루독 엘비스 주스. 미국식 IPA 스타일에 시트러스함을 부각시키기 위해 자몽과 오렌지를 첨가하여 마치 주스를 마시는 것 같은 컨셉으로 만들어진 맥주이다. 밝은 금빛 색깔에 약간은 뿌연 모습, 적당히 가벼운 질감에 새콤달콤한 감귤과 자몽 같은 맛이 도드라진다. 여행 당시 처음 출시된 맥주라 맛을 보았지만, 버거와 함께 마시기엔 아무래도 부재료가 들어가지 않은 베스트셀러, 펑크IPA가 낫지 않았을까 하는 생각도 잠시 들었다. 음식과의 어울림과는 별개로 맥주 자체는 썩 나쁘지 않아 새로운 맥주를 먼저 맛보았다는 것에 만족하였다.

에든버러에서 기차로 약 한 시간 떨어져 있는 이곳, 글래스고는 국부론^{The} $^{Wealth\,of\,Nations}$을 저술한 경제학자 아담 스미스$^{Adam\,Smith}$와 증기기관차, 전력의 단위 (W)로 유명한 제임스 와트$^{James\,Watt}$ 등 유명인사들을 여럿 배출해낸 아름다운 캠퍼스 글래스고 대학을 거닐 수 있으며, 무료로 개방되어 있는 캘빈그로브 미술관 & 박물관 등을 즐기고, 바로 앞에 위치한 브루독 펍에서 맛있는 음식과 맥주를 즐길 수 있는 매력적인 도시이다. 화창한 날씨와 함께 여유로운 하루를 온전히 보낸 이곳이 그리워진다.

브루독 에든버러 Brewdog Edinburgh

앞서 소개된 에든버러 문학 펍 투어를 마치고 늦은 시간에 찾아갔던 브루독 에든버러. 이미 맥주를 몇 잔 마신 뒤였지만 좀 더 강렬한 무언가가 나를 이곳으로 인도하였다. GPS와 구글 지도$^{Google\,map}$를 켜고 오래된 구도심 뒷골목을 배회하며 어렵사리 도착하였다. 여행객들이 주로 다니는 로얄 마일$^{Royal\,mile}$거리 뒤쪽으로 높은 지대를 오르락내리락 하며, 어두운 길을 어떻게 찾아갔는지도 모른 채 도달한 이곳은 관광지와는 또 다른 느낌을 지니고 있었다.

곳곳에 산재한 오래된 펍이 흰머리 무성한 노인들이 즐겨 찾는 편이라면, 브루독이 위치한 골목 주변은 흥에 겨운 젊은 친구들로 가득했다. 이미 반쯤

고풍스러운 대학과 미술관 앞에 있던 글래스고 지점과 달리, 할렘가나 다름 없었던 브루독 에든버러 지점

취해 노래하며 춤을 추는 사람들 틈으로 굉장히 눈부신 간판이 보인다. 멀리서도 단번에 알아볼 수 있었던 브루독 간판 덕분에 어두운 골목 속에서 안도의 한숨을 내쉴 수 있었다. 주변 분위기 탓에 갑자기 설렌 마음을 안고 가게 안으로 들어간다.

현대 크래프트 맥주 양조장을 가면 이렇게 덥수룩한 수염을 기른 사람을 종종 만날 수 있다.

에든버러 축제 기간답게 펍은 말 그대로 발 디딜 틈도 없이 많은 사람들로 가득하였다. 테이블은 말할 것도 없거니와, 테이블 사이사이로 맥주잔 하나씩 들고 신나게 떠들며 음악에 맞춰 춤을 추고 있는 사람들을 보고 있자니 나도 함께 들뜨기 시작했다. 좁은 바 자리를 비집고 들어가 메뉴를 훑어보았다. 매우 건장하고 턱수염을 수북이 기른 젊은 친구 하나가 뭘 도와줄까 라는 눈치로 나를 보고 있었다. 크래프트 맥주 양조장이나 펍을 간다면 쉽게 볼 수 있는 외모인데, 흔히 말하는 힙스터^{Hipster}라는 단어의 표본이 될만한 모습이었다.

브루독의 탭 리스트를 보니, 연중생산^{Year Round}으로 흔히 만날 수 있는 맥주가 대부분이어서 크게 구미가 당기는 건 없어 보인다. 여행 당시에도 연중생산 맥주 5~6가지 정도는 이미 한국에도 수입되어 있던 터라 색다른 맥주를 마시고 싶었는데, 다른 양조장에서 들여온 게스트 탭^{Guest Tap} 또한 특별히 끌리는 게 없네... 하던 찰나, 브루독에서 처음 생산한 신맛의 맥주[5] 리자드 브라이드^{Lizard Bride}가 눈에 들어왔다. 트렌드가 빨리 바뀌는 크래프트 맥주의 특성상 여행할 당시만 해도 사워 맥주는 몇몇 양조장에서만 시도하는 변두리 장르였다가 점차 사람들에게 큰 호응을 받으며, 사워 맥주만 전문으로 하는 양조장들이 다양하게 생겨날 정도로 시장이 점점 커지는 시기였다. 브루독도 마찬가지로 이러한 유행에 맞추어 (사실은 미국 시장에 비하면 꽤 늦은 감이 있었지만…) 처음으로 시큼한 맛의 맥주를 선보였고, 운이 좋게도 그 맥주가 처음 출시되던 시기에 스코틀랜드에서 직접 맛볼 수 있었다.

짙은 검붉은색을 띠는 맥주에 선홍 빛깔 거품헤드는 마치 체리나 라즈베리가 들어간 과일 람빅^{Fruit Lambic}[6]과 흡사한 모습을 갖추고 있었다. 코에 가져다 대니 라즈베리, 크랜베리, 체리 등을 떠올리게 하는 알싸하고 새콤한 향이 코를 자극하면서, 한편으론 홉의 씁쓸한 솔잎, 풀 향이 그 안에 살짝 묻혀진

---

[5] 신맛의 맥주^{Sour Beer}를 한국의 맥주 애호가들 사이에서도 발음 그대로 사워 맥주 혹은 사우어, 더 강렬한 발음으로 싸워/싸우어라고 표현하기도 하는데 표준은 아니지만 이 책에서도 사워 맥주/사워 비어라고 혼용해서 표현하겠다. 영어 표현 Sour beer / ale 또한 정형화된 맥주 스타일은 아니고 신맛의 맥주를 통틀어 일컫는 표현이다.

[6] 람빅^{Lambic}이란, 벨기에의 수도 브뤼셀^{Brussels}과 제너^{Zenne} 강이 흐르는 브뤼셀 남서쪽 파요트란드^{Pajottenland} 지역에서 만들어지는 맥주이며, 그 지역의 야생효모와 박테리아에 노출하여 발효시킴으로써 식초와 같이 신맛이 나는 맥주를 일컫는다. 숙성 시 과일을 넣어 다채롭게 만든 람빅을 과일 람빅^{Fruit Lambic}이라고 부른다.

듯 한 느낌이 들었다. 한 모금 맛을 본 순간, 음... 뭔가 상당히 애매하다. 한 번 더 맛을 보자. 시큼한 향이 있기는 한데, IPA base라서 그런가 질감도 상당히 무겁고, 송진, 풀과 같은 쓴맛의 홉 캐릭터가 지배적인데 여기에 시큼함을 가져다 주는 과일향들이 어우러지지 못하고 입안에서 따로 놀고 있는 듯한 느낌이다. 의외로 아쉬움이 꽤 컸다. 형편없는 맥주들에 비하면 그렇게 못 마실 정도의 저급 맥주까진 아니지만, 다양한 사워 맥주들을 시도하는 미국에 비하면 아쉬움이 큰 건 어쩔 수 없어 보였다.

브루독에서 처음 출시한 시큼한 맥주라고 해서 꽤나 기대를 했는데 IPA에 단순히 과일들을 주입하여 만든 맥주는 야생효모들에 의해 형성되는 자연적인 신맛과 비교해 굉장히 어색한 느낌이 드는 건 어쩔 수 없나 보다 라는 생각이 들었다. IPA나 임페리얼 스타우트 등 브루독에서 꾸준히 사랑 받아오는 스타일들은 과거의 명성이 아직까지 브루독을 뒷받침 해주고 있으나, 매우 급변하고 유행에 민감한 이 시장에서 소비자들을 만족시키려면 보다 더 다양한 시도를 해야 하지 않을까. 크래프트 맥주를 좋아하는 소비자들의 투자로 이루어져 한때는 혁신의 아이콘으로도 불렸던 브루독, 앞으로도 꾸준히 실험적이고 다양한 류의 맥주가 나와 맥주 애호가들의 욕구를 충족시키고, 스코틀랜드의 자존심, 원조 크래프트 맥주 1세대의 자존심을 지키는 브루독이 되길 기대해본다.

늦은 밤에 방문한 탓이었을까. 어느 뒷골목에 위치한 브루독 에든버러 지점은 마치 환락가를 방문한 듯한 착각을 불러 일으켰다.

드라이게이트 Drygate Brewing Co.

드라이게이트는 만 하루가 채 안 되는 당일치기 글래스고 여행에서, 브루독 펍을 가기 전에 먼저 방문했던 곳이다. 브루 펍^{Brew Pub 7}인 이곳은 글래스고 성당과 오래된 공동묘지인 네크로폴리스를 구경하고 내려오는 길목에 위치하고 있어, 잠시 들러서 점심을 해결하기에도 아주 그만인 곳이었다. 양조장의 이름은 이곳이 위치해 있는 거리 이름인 드라이게이트에서 따왔으며, 주변에 여러 대학들과 대형 병원이 있어 젊은 손님들이 아주 많을 것 같다.

또한, 드라이게이트 양조장 바로 옆에는 스코틀랜드에서 가장 오래된 양조장 중 하나인 테넌츠^{Tennent's}의 양조장도 있었다. 해당 양조시설은 1740년도에 설립된 것이지만, 테넌츠는 1556년부터 맥주를 만들어온 매우 오래된 스코틀랜드 양조장이

---

7 브루펍^{Brewpub}은 같은 공간 안에서 양조시설과 해당 맥주를 파는 펍이 함께 있는 곳을 말한다.

라고 하니 시간이 허락한다면 역사가 오랜 대형 양조시설과 소규모 크래프트 양조시설을 함께 둘러보는 것도 좋을 것 같다.

골목길 내려오는 중간에 드라이게이트라고 아주 큼지막한 간판이 걸린 건물을 발견하였다. 2층짜리 양조장 건물이 생각보다 꽤 크게 지어져 있으며, 야외에도 2층 테라스 석이 있는 듯 하다. 안으로 들어가는 입구 주변으로는 울타리가 쳐져 있는데, 마치 놀이공원 사파리 월드를 입장하는 기분이랄까? 건물 안으로 들어가기 전, 야외에 마련된 자리도 구경을 해본다. 정체를 알 수 없는 기괴한 일러스트들이 꽤나 역동적이고 자유분방한 느낌을 자아내고 있었다.

안으로 들어서자, 오픈 한지 얼마 안된 시간임에도 두어 테이블 정도 사람들이 식사 겸 맥주를 한 잔씩 기울인다. 실내는 깔끔한 테이블과 노란 조명들이 상당히 모던하고 아늑한 분위기를 자아내고 있었다. 실내 한쪽에는 바틀샵도 있어서 무척이나 반가웠으나, 오후 3시에 오픈 하는 이 바틀샵은 시간이 맞질 않아 나와는 인연이 없었다. 그 옆으로는 한쪽 벽면을 가득 채우는 통유리 너머로 거대한 양조시설이 들어서 있는데, 그 당시 다녀본 브루 펍 중에서도 규모가 꽤 커 보였다. 얼마 안 된 그 사이, 우리나라도 서울 시내나 부산에 이 정도 규모의 브루펍들이 꽤 생겼지만 말이다. 나중에 에든버러로 넘어가서 알게 되었지만, 이곳은 병입을 해 스코틀랜드 주변 도시들에도 판매를 하고 있었다. 그 알 수 없는 해괴한 그림 라벨들과 함께.

적당히 자리를 잡고 맥주를 주문하러 바 테이블 앞으로 다가갔다. 위스키의 나라 스코틀랜드답게 다양한 스카치 위스키들도 한 쪽 벽을 장식하고 있었고, 그 밑으로 약 20가지나 되는 탭들이 빼곡하게 꽂혀 있었다. 강렬한 볼드체로 힘있게 쓰여 있는 맥주 리스트들을 보면서 무엇을 시킬까 잠시 고민

이 되었다. 익숙하지 않은 브랜드도 몇 가지 보이고, 잉글랜드의 유명한 크래프트 양조장 벅스톤^{Buxton}, 미국 크래프트 맥주 라구니타스^{Lagunitas}, 심지어 바로 옆 양조장에서 생산중인 테넌츠^{Tennent's} 맥주도 여과되지 않은 Un-pasteurized로 판매 중이었다. 스코틀랜드의 오래된 전통 양조 기법을 되살려 현대식으로 재해석한 맥주로 유명한 윌리엄 브라더스^{William Brother's}등 맛보고 싶은 맥주가 한 두 가지가 아니었지만, 어느 곳을 가든 항상 그 가게의 기본이 되는 메뉴부터 맛을 보는 터라 이곳 드라이게이트에서 만들어진 6가지 맥주 샘플러를 주문하였다. 의외로 영국에서 맥주 여행을 하다 보면, 이렇게 조금씩 맛볼 수 있는 샘플러가 주문 메뉴로 없는 곳도 상당히 많은데, 낮은 가격에 맛보기 잔으로 조금씩 판매해주면 그렇게 맘에 들 수가 없다.

주문한 6가지는,

Bear Face Lager / **Outa Space Apple Ale**

Glad eye IPA / **Pale Duke Session IPA**

Reflex Red Ale / **Emery Bell Mild Ale**

음…..

호기롭게 시음을 시작하였으나 아쉬움이 많이 남는 맛이다. 우리나라 크래프트 맥주 시장 초창기에 만들어진 안정화가 덜 된 맥주를 마시는 느낌, 혹은 그 이하라고 할까? 모 맥주 평가 사이트에서도 글래스고에서 가장 가 볼 만한 맥주 스팟으로 선정되어 있고, 규모면으로 봤을 때 꽤나 많은 자본금을 투자했을 것 같은 데, 이런 멋진 공간에서 마시는 이 맛이란... 기대 대비 아쉬움이 크게 남았다.

이미지 출처 : Drygate brewing official website

    대체적으로 상당히 가볍고, 이취(異臭)^{off-flavor}도 꽤 느껴지며, 위스키로 치자면 저가 블렌디드 위스키처럼 보리 맥아 대신 저렴한 다른 곡물들을 많이 섞어 만든 느낌이랄까. 주문한 6가지 맥주가 많은 양도 아닌데 다 마시기가 좀 버거울 정도로 느껴졌다. 다른 게스트 탭이나 몇 잔 마셔볼까 싶었지만 마음은 이미 서둘러 다른 곳을 가고 싶어 졌다. 그때는 양조장이 문을 연지 얼마 안되었을 때라 지금은 상태가 훨씬 나아졌을 것이리라. 가게 문을 열자 마자 방문했던 터라 굉장히 한산한 편이었지만, 이곳은 음식 맛도 훌륭하기로 소문난 맛집이라고 하니 식사 시간에 들리면 글래스고의 시민들과 어울릴 수 있을지도 모르겠다.

Drygate brewing official website

더 행잉 뱃 The Hanging Bat

여행 준비를 하면서 해외 블로그와 맥주 평점 사이트 등을 참고하면서 방문할 곳들을 체크하였지만 그중에서도 에든버러가 고향인 스코틀랜드 친구에게 추천 받은 펍 몇 군데는 꼭 방문하리라 다짐했었다. '매달려 있는 박쥐'라는 뜻의 The Hanging Bat은 크래프트 맥주 러버Lover라면 꼭 방문해야 할 펍 1순위인데다, 그 친구가 꼭 가보라고 추천해준 리스트와도 겹쳐 일부러 시간을 내어 다녀왔었다.

앞서 클래식한 스코틀랜드 에일들을 즐겼던 보우 바The bow bar에서 나와 언덕길을 내려오면, 에든버러에서 처음 문학 펍 투어를 했던 그라스 마켓Grassmarket 거리가 나온다. 이 길을 따라 약 10분을 걸어 코너를 돌면 로디안Lothian 거리에 회색 빛으로 채색된 가게가 하나 나오는데, 생각보다 눈에 잘 띄질 않아서 하마터면 이곳 또한 그냥 지나칠 뻔 했다. The Hanging Bat이라는 가게 이름이 음각으로 새겨진 긴 나무판의 간판은 박쥐와 어울리는 무언가 음침하고 그로테스크한 느낌을 자아내는듯 하다.

"매달려 있는 박쥐", 에든버러에서 첫 손에 꼽히는 크래프트 맥주 펍이라는 그 위용 때문이었을까. 겉모습이 화려하게 드러나지 않는 가게임에도 그게 오히려 나를 더 설레게 만들었다.

안으로 들어서자 아직 환한 대낮인데도 많은 비어 긱$^{Beer\ Geek}$(크래프트 맥주에 반쯤 미쳐 있는 친구들을 흔히 이렇게 부른다)들이 벌써부터 바 앞에 서서 여러 맥주들을 음미하고 있다. 해도 안 진 이 시각에 벌써부터 많은 테이블이 차 있었고, 대개는 착석하지 않고 바 앞에 서서 간단히 즐길 요량으로 맥주를 이것저것 조금씩 맛보는 친구들 같았다. 빼곡한 탭 핸들 뒤로 보이는 맥주 탭 리스트. 20가지나 되는 맥주 앞에서 나는 무얼 시켜야 할지 흥분을 감출 수 없었다.

맥주 리스트는 상당히 훌륭했다. 영국과 벨기에 맥주가 거의 대부분이지만 어디에 내놓아도 뒤떨어지지 않을 정도로 이름난 맥주들이었다. 다양한 종류를 마셔보고 싶지만 저녁에 예매해둔 에든버러 페스티벌의 큰 축제인 밀리터리 타투$^{Military\ Tattoo}$관람에 늦지 않게 가려면 남은 시간은 약 한 시간 남짓. 망설임 끝에 눈에 띈 맥주, 알파 프로젝트$^{The\ Alpha\ Project}$의 체리 가르시아$^{Cherry\ Garcia}$를 한 잔 주문했다. 벨기에 스타일의 다크 에일이라고 쓰여 있었지만 새콤한 체리가 듬뿍 듬뿍 들어갔을 것 같은 맥주 이름, 게다가 양조장 이름은 알파 프로젝트라고 한다. 프로젝트라고 하니 왠지 단발성으로 실험해본, 괴상하면서도 재미난 맥주일 것 같았다. 나중에 찾아보니 더 알파

프로젝트는 다름 아닌 이곳, The Hanging Bat 펍의 한 쪽에서 자체적으로 만들어낸 자가양조Homebrew 수준의 양조장을 말하는 것이었다.

알파 프로젝트는 Sabco Brew Magic(미국 크래프트 양조장에서도 이름난 도그피쉬 헤드Dogfish Head도 이 키트를 갖고 처음 양조를 시작했다고 한다)이라는 50L 용량의 맥주 양조 키트를 사용하는데, 보통 펍에서 파는 케그 사이즈로 2~3케그 정도 밖에 생산이 안 되는 수준이다. 이는 매일같이 이곳을 방문하는 맥주 애호가가 아닌 이상 그들이 출시한 일회성 맥주들을 맛보는 게 결코 쉬운 일이 아니란 것을 의미한다. 잠깐 나왔다가 사라지는, 흔치 않으면서도 맛있는 맥주를 마실 수 있다는 것 자체도 굉장히 운이 좋았지만, 법 규제 때문에 우리나라에선 상상도 할 수 없는 작은 규모로 만들어진 실험적인 맥주를 일반인들에게 판매한다는 점도 놀라웠다.

상당히 짙고 탁한 적갈색을 띠며, 희고 얇은 거품층을 형성한 이 맥주는 체리의 과실향과 함께 야생효모와 박테리아에 의한 식초 같은 강렬한 시큼함

이 코를 자극한다. 벨지안 스트롱 에일^{Belgian Strong ale}이 베
이스인 만큼 몰트에 의한 단맛도 깊게 느껴진다. 입안으로
한 모금 머금자 진득하면서도 새콤한 맛이 입안 가득히 퍼진
다. 과일 식초 같은 신맛이 침샘을 자극하며, 그 속에서 올라
오는 건포도, 캐러멜과 같은 단맛이 오묘하게 뒤엉켜 있다.
흔히 브렛^{Brettanomyces}[8]이라고 말하는 야생효모에 의한 펑
키함도 살짝 느껴진다.

　전통적인 신맛이 나는 맥주, 예를 들면 벨기에 람빅^{Lambic}이라든가 독일의
베를리너 바이세^{Berliner Weisse}, 고제^{Gose}와 같은 스타일에 비하면 이 체리 가
르시아는 기본 원주(原酒)가 벨지안 스트롱 에일이기 때문에 상당히 묵직한
맛이 있다. 게다가 지난번에 마셨던 브루독의 Sour IPA 스타일인 리자드 브
라이드와는 달리, 이 체리 가르시아는 자연발효에 의한 진정한 시큼함을 온
몸으로 내뿜고 있었다.

　바에 서성이며 열심히 사진도 찍고 맛을 음미하고 있는 찰나에 옆에 서있
던 어떤 한 친구와 얘기를 나누게 되었다. 낯선 사람에게 먼저 다가가 말을
건넬 정도로 적극적인 성격은 아닌데, 맥주라는 공통 관심사 때문인지 여행

---

8 미생물 브렛^{Brettanomyces}은 효모의 일종으로, 와인이나 맥주가 발효될 때 종종 관찰된다.
브렛에는 Brettanomyces Bruxellenis를 비롯한 여러 종이 있어 각기 조금씩 다른 풍미를
내지만, 보통 땀 냄새나 가죽 냄새에 묘사될 정도로 꺼려지는 편이다. 때문에 와인이나 맥
주에 있어 브렛은 대개 오염균으로 여겨져 온 편이다. 하지만 한편으론 이러한 캐릭터가 와
인메이커나 양조장 고유의 개성을 나타내기도 한다. 브렛은 흔히 과일 껍질에서 발견되며,
때문에 과일을 넣거나 배럴에서 숙성한 맥주에서는 브렛 향미를 쉽게 느낄 수 있다. 브렛의
최초의 발견은 1904년 칼스버그^{Carlsberg} 양조장의 기술고문인 Niels Hjelte Claussen가 변
질된 영국 에일에서 처음 분류하였고, 그래서 영국 곰팡이 균^{British Fungus}라는 뜻의 브렛이
라고 명명되었다.

내내 처음 보는 이들과 말을 섞는 일이 참 빈번하였던 것 같다. 그 친구는 자기가 마시고 있던 맥주도 한번 맛보라며 권하기도 했는데, 내가 마시고 있는 시큼한 맥주도 건네주며 이런저런 이야기를 하다 보니 그간 혼자 여행을 하고 있었지만 사실 많은 사람들과 함께 하고 있었단 느낌이 들기도 했다. 별 것도 아닌 시시콜콜한 맥주 얘기들이었지만 시간 가는 줄 모르고 이야기하다 보니 저녁에 예매한 밀리터리 타투(스코틀랜드 전통 군악대 공연)를 보러 갈 시간이 다가와 아쉽지만 작별 인사를 건넸다. 마을 버스에 몸을 싣고선 또 그렇게 맥주 여행의 하루가 저물어 갔다.

어셔 브루 펍 The Usher's Brew Pub (Andrew Usher & Co.)

에든버러 출신의 스코틀랜드 친구가 추천해주었던 또 다른 펍 어셔^{Usher}. 에든버러 대학교 근처에 위치해 있는 터라, 마침 대학 캠퍼스 둘러보기 좋아하는 나로서는 여러 추천 리스트 중에서도 어셔만큼은 쉽게 동선을 만들어낼 수 있었다. 고풍스러웠던 글래스고 대학과는 달리 에든버러 대학은 조금 떨어진 곳에 따로 위치한 법과대학 건물을 제외하면 대부분은 굉장히 현대식이었다. 방문자 센터와 정보과학 토론장^{Informatics Forum}이 있는 캠퍼스를 둘러보다가 많은 사람들로 북적거리던 조지 스퀘어 가든^{George Square Garden}으로 자연스레 향했다. 넓은 공터에 많은 사람들이 음식과 음료를 즐기고 있었는데, 화창한 날씨 때문인지 에든버러 축제 시즌이라 그런지 이곳은 거의 놀이공원이나 다름 없었다.

에든버러 대학교의 오래된 법학대학 건물도 둘러보고 캠퍼스를 빠져 나와 어셔 브루 펍^{The Usher's Brew Pub}으로 향했다. 오래되어 보이는 상점 건물 입구에 들어서면 지하로 내려가게끔 이어져있는데, 입구부터가 이곳이 범상치

않은 곳임을 보여준다. 상당히 오래되어 보이는 느낌의 양조 설비들이 그려져 있고, 계단을 내려가면 이곳에서 파는 각종 주류 용품들이 전시되어 있다. 그중에서도 한 가지 나의 시선을 잡아둔 것은 이곳의 이름이 적혀 있는 위스키였다. 앤드류 어셔 블렌디드 스카치 위스키^{Andrew Usher & Co. Blended Scotch Whisky}

그렇다. 사실 어셔는 맥주 펍이기 전에 원래는 스코틀랜드 위스키를 만들던 증류소로 처음 사업이 시작되었던 것이다.

1813년 제임스 어셔^{James Usher}의 12 자식들 중, 3번째로 어린 앤드류 어셔^{Andrew Usher}는 그의 위스키 블렌딩 경험을 바탕으로 위스키 양조장을 설립한다. 그 이후, 그와 같은 이름을 가진 아들 앤드류 2세와 그의 형제 존^{John}이 사업을 지속하였고, 그들의 위스키는 영국 본토, 아일랜드 뿐 만 아니라 전 세계적으로 큰 인기를 끌게 된다. 또 한편으론 12형제들 중 가장 맏이인 두 명의 형제들 제임스^{James}와 토마스^{Thomas}는 증류주 사업에 뛰어들지 않고 맥주 양조사업을 하기 시작한다. 1824년 토마스 어셔^{Thomas Usher and Co.}라는 이름으로 시작하여 엄청난 인기를 끌게 되면서 런던에도 사무실을 차리게 되고, 영

국 철도산업의 발전과 맥주 양조기술의 발달로 인해 점차 장거리 판매도 가능하게 된다.[9]

그 이후의 역사에 대해서는 공식 홈페이지에 나와있지는 않지만 궁금해서 더 찾아본 결과, 어셔 양조장은 수 많은 소규모 양조장을 인수하여 사업 확장을 하다가, 2차세계대전 이후에 와트니[Watney] 가문에 의해 합병되고, 일부 양조 시설들은 독일의 한 브로커에 의해 북한으로 팔려가 현재 북한의 유명 맥주인 대동강 맥주를 만드는 대동강 양조장에서 사용하게 된다.[10] 현재 에든버러에 있는 이 앤드류 어셔 펍은 와트니 & 만 [Watney & Mann]에 의해 합병되고 나서 마지막 양조가 이뤄진 지 33년이 지난 최근에 칼레도니아 헤리터블 [Caledonian Heritable] 이라는 자산운용회사와 인버아몬드 양조장[Inveralmond Brewery](현재는 유명한 이니스앤건 Inns&Gunn에 흡수됨)의 합작으로 재 탄생하게 되었다.[11, 12]

어셔 가문의 후손인 스튜어트 어셔 Stuart Usher가 어셔 맥주가 부활하고 첫 생산된 맥주를 치켜들며 건배를 외치고 있다.

---

9 Andrew Usher & Co. 공식 홈페이지

10 Adrian Brown, 'From Ushers with Love', Jul 4th, 2017, BBC News

11 'Usher's Beer is reborn in Edinburgh', Jan 8th, 2015, SLTN (Scottish Licensed Trade News)

12 Peter Ranscombe, 'Fall and Rise of Usher as Classic beer name revived', Dec 8th, 2014, The Scotsman

어셔 위스키는 현재까지 상당히 오랫동안 명맥을 이어온 반면에 맥주는 전통방식으로 생산되는 맥주는 더 이상 찾을 수 없고, 지금은 최근 유행하는 크래프트 맥주 스타일로 소량씩 생산되고 있다.

바 앞으로 다가가 맥주 리스트를 쭉 살펴 보았다. 17가지나 되는 맥주들. 클래식 에일은 없고 모두 크래프트 맥주들뿐이다. 5가지의 어셔 맥주들과 미국, 뉴질랜드에서 온 크래프트 맥주 5가지, 그리고 영국에서 생산되는 맥주들 몇몇. 좋은 맥주들이 꽤 있었지만 이곳에서만 맛볼 수 있는 어셔 생산 5가지를 맛보기로 했다. 샘플러가 있으면 좋으련만, 이곳도 마찬가지로 샘플러는 없나 보다. 그렇지만 이번에는 염치불구하고 이것저것 다 달라고 해본다. 다행히 친절한 바텐더는 웃으며 소량씩 샘플을 담아 내어주었다.

Sorachi Saison / Hexagon Sun Belgian Abbey ale

Aphrodite Stout / Alderaan Session Ale / Fusion IPA

맛을 본 양이 워낙 적어 사실 세세하게까지 기억나지는 않지만, 전체적으로 괜찮은 수준이었던 것 같다. 조금씩 맛을 보고 나서 주문한 한 잔은 소라치 세종^{Sorachi Saison}. 소라치 에이스^{Sorachi Ace} 13 라는 매력적인 홉을 원래 좋아하는 데다 맥주 자체도 꽤 괜찮았기에 한 잔을 온전히 맛보기로 한다.

2/3 파인트 정도 되어 보이는 얍실한 튤립 모양의 잔에 매우 얇은 거품 층. 세종 스타일 치고는 영국식으로 맥아 성향이 도드라지는지 조금은 구릿빛이 감도는 황금색을 띠고 있다. 화사한 꽃 향기가 가득하고, 레몬의 상큼함도 느껴지며 풍선 껌 같은 달달한 향도 느껴진다. 바로 들이키니, 역시나 맛있다. 소라치 에이

---

13 소라치 에이스^{Sorachi Ace}는 70년대 후반, 일본에서 처음 개량되어 만들어진 홉이다. 요시타다 모리 박사^{Dr. Yoshitada Mori}가 삿포로 양조장에서 일할 때 독일 홉 사츠^{Saaz}와 영국 홉 브루어스 골드^{Brewer's Gold}를 혼합하여 개량하였다. 하지만 원하던 향과 풍미가 나오지 않아 소라치 에이스는 거의 사용되지 못한 채 역사 속으로 사라질 뻔 하였다. 하지만 1994년, 미국 농무부 USDA에서는 홉을 연구하기 위해 이들의 뿌리줄기를 얻어 소량 재배하고 있었고, 2002년, 남들이 잘 재배하지 않는 작물을 기르기 좋아하는 워싱턴의 Virgil Gamache Hop 농장은 우연히 USDA의 유전자 기록저장소를 보다가 기회를 발견하고 소라치 에이스를 재배하기 시작한다. 2006년 미국에 첫 출시된 소라치 에이스는 마침 크래프트 맥주 붐에 의해 전세계적으로 홉의 공급이 수요를 따라가지 못할 때 대체품으로 사용되기 시작했으며, 브루클린 양조장^{Brooklyn Brewery}의 소라치 에이스라는 이름의 세종^{Saison}이 출시되면서 그 독특한 향과 맛에 사람들이 매료되기 시작하였다. 버터와 레몬, 고수와 같은 풍미가 특징이다. 생산량은 여전히 적어 소라치 에이스가 들어간 맥주를 찾기란 쉽지 않은 편이다.
Nick Carr, 'Sorachi Ace Hops : An oddity in the Strange world of Beer', Jul 13th, 2017, Kegerator.com

스 홉과 세종의 조합은 언제나 훌륭한 듯 하다.

기본적인 세종 스타일에서 느낄 수 있는 에스테르에 의한 바나나 향 기반에 소라치 에이스 홉의 레몬, 자몽과 같은 향이 상당히 크게 두드러지며 정향과 같은 스파이시 함도 많이 부각된다. 효모는 어느 정도 필터링 되었는지 세종 효모의 캐릭터는 크게 느껴지지 않는 편이며, 질감 자체도 굉장히 깔끔하고 드라이하다. 이렇게 가벼운 질감이 소라치 홉의 캐릭터를 더 도드라지게 해주며 세종 효모 캐릭터는 이를 살짝 뒷받침해주는 정도랄까. 두 특징의 조화로움이 어느 쪽 하나 치우침 없이 매우 좋은 밸런스를 보여준다.

　맥주를 마시며 가게 주변을 찬찬히 둘러본다. 내 바로 옆자리에는 상당히 오래된 맥주병들이 많이 전시되어 있었는데, 어셔 가문의 주류사업 역사가 영국 에일의 역사와 함께 한다고 해도 과언이 아닐 정도로 상당히 오래됐다는 인상을 받았다. 초기 어셔 맥주로 보이는 어셔 IPA를 비롯하여, 어디서도 접하기 어려운 기네스와 바스의 빛바랜 라벨들을 보고 있자니 경외심마저 들 정도였다.

　1800년대에 생산되던 맥주는 사라졌지만, 그 시대를 풍미했던 역사 속의 브랜드를 잃어버리지 않기 위해 노력하는 사람들. 이들 덕분에 영국의 맥주 산업이 오래도록 탄탄하게 유지되고 있는 게 아닐까 하는 생각이 든다.

매장 한 켠에는 400L 크기의 양조시설이 있었고, 위스키를 직접 블렌딩 해볼 수 있는 체험장도 있었다.

어셔 펍이 있는 건물 옆에는 Pear Tree Beer Garden이라는 넓은 야외 공간이 펍처럼 운영되고 있는데 이곳 또한 한때 어셔 가문의 소유였다고 한다.

프린스 공원에서 여유 부리기 Princes Street Garden

선선하고 화창한 날씨가 계속 이어지는 가운데 매번 실내에만 있기엔 너무 아깝단 생각이 들었다. 한번쯤은 여유를 갖고 야외 피크닉을 홀로 즐기기로 해본다. 에든버러 시민들의 휴식처인 프린스 스트릿 가든은 프린스 거리와 에든버러 성 사이에 위치해 접근성이 매우 좋다. 푸르른 잔디밭이 넓게 펼쳐진 이곳은 주변의 오래된 건축물들이 아름답게 조화를 이루고 있어 매우 멋진 풍경을 자아낸다. 정원 반 바퀴를 둘러보며 뷰가 좋으면서도 한적한 공원 끄트머리 구석에 자리를 깔고 앉았다. 탁 트인 공원에 대 관람차와 스캇 기념탑Scott Monument이 보이는 자리에 앉아있으니 지금 이 순간만큼은 에든버러 시민이 된 것만 같은 느낌이었다.

두꺼운 프린지 페스티벌 공연 안내 책자를 깔아놓고서 가져온 요깃거리들을 펼쳐내기 시작했다. 준비한 맥주는 영국에서 인기 있는 크래프트 양조장 중에서도 상당히 훌륭한 품질을 보여주는 와일드 비어Wild Beer Co.의 Madness IPA와 세종Saison 스타일의 Wild Goose Chase 2가지.

먼저 홉 내음 가득할 것 같은 Madness IPA를 먼저 마셔보기로 한다. 라벨에 쓰여진 Hops + Hops + Hops라는 문구는 홉 캐릭터가 정말 강력하게 느껴질 것이라고 시사하고 있었다. 케임브리지 메이폴 펍에서 마셨던 빅 잡 IPA ^{Big Job IPA}의 Massively Hopped가 연상되면서 두 맥주를 같이 맛보았어도 상당히 좋은 비교가 됐을 것이란 생각이 들었다. IPA의 발상지는 영국이지만 몰트 중심의 영국식 IPA와는 달리 최근 유행하고 있는 미국식 IPA는 홉의 특성이 훨씬 부각된다. 와일드 비어의 Madness IPA는 영국에서 생산되었지만, 이러한 미국식 IPA의 유행에 따른 것으로 2가지를 동시에 맛보았다면 영국식 IPA와 미국식 IPA를 비교해볼 수 있는 좋은 경험이 되었을 것이다.[14]

라벨에 쓰여진 맥주 이름처럼 미친 듯이 거칠게 맥주를 콸콸 따라본다. 상당히 맑은 바디에 구릿빛이 감도는 짙은 오렌지색을 띠며, 소나무의 송진 향과 같은 홉 내음이 경쾌하게 올라온다. 굉장히 신선한 풀 내음들과 함께 미국식 IPA 스타일에서 쉽게 느낄 수 있는 시트러스함, 열대과일 향도 은은하게 밸런스를 이루고 있다. 입 안에서의 질감도 굉장히 깔끔하게 느껴져 부담 없이 들이키기에 좋고, 적당히 받

---

14 세인트 오스텔^{St. Austell}의 빅 잡^{Big Job} IPA도 사실은 아로마 홉을 사용하여 미국식 스타일에 영향을 받았다. 다만 클래식 에일 브랜드로서 몰트 중심의 캐릭터도 상당히 도드라지는 편이다. 혹자들은 영국식 몰트와 효모 기반에 미국식 홉을 넣은 하이브리드 스타일이라고 말하기도 한다. 정통 영국식 IPA의 좋은 예가 몇몇 있겠지만 행여나 영국 여행 시 워싱턴의 하얀 방패라고 하는^{Worthington's White Shield}를 발견하게 된다면 꼭 한번 맛보라고 권하고 싶다. 1830년대의 IPA 레시피 그대로 만들어지고 있다고 하니 영국식 IPA를 이해하는 데 좋은 교보재가 될 것이다.

쳐주는 몰트가 무게감을 잘 잡아주고 있었다. 무엇보다도 맥주가 완성되어 병입 된지 얼마 안 된 상태라, 아주 신선하게 느껴지는 홉의 풀 내음은 주변의 초록빛 배경들과 조화를 이루어, '맥주의 본 고장에서 마시는 호사가 이런 것이구나'라는 것을 온몸으로 느낄 수 있어 감동이었다. 함께 가져온 마살라 커리^Masala Curry 치킨은 그저 거들 뿐, 맥주가 입으로 들어가는지 코로 들어가는지 느낄 새도 없이 단 숨에 한 병이 비워졌다.

바로 연이어 개봉한 Wild Goose Chase. 구즈베리 열매가 들어간 가벼운 팜하우스 에일에 드라이 홉핑을 사용하여 가벼운 타르트^Tart함과 홉의 다채로움을 적절히 섞어낸 맥주이다. 뿌옇지만 밝은 노란색을 띄는 맥주는 마치 파인애플 주스 같아 보이기도 하다. 기본적으로 야생효모에서 느껴지는 페놀향도 약하게 드러나는 듯 하지만 신선한 레몬이나 라임과도 같은 새콤한 향도 가볍게 느껴진다. 식초에 비유되는 강렬한 시큼함은 아니고 홉 특성이 같이 어우러져서인지 과실에서 느껴지는 가볍고도 산뜻한 정도이다. 와

일드비어 양조장에서 자연 발효하여 만든 서머싯 와일드^Somerset Wild 라는 맥주도 소량 블렌딩 되었다고는 하지만 강렬한 신맛을 원하는 사람에겐 좀 애매모호한 맛으로 느껴질 수도 있을 것 같다. 청포도나 귤과 같은 개운한 과실향과 함께, 팜하우스 에일 특유의 효모에 의한 펑키함과 홉에 의한 허브, 풀 향도 끝 맛에서 느껴지며 상당히 복합적이고 재미있는 맥주였다.

맥주를 두 잔이나 연거푸 마시는데 정신이 팔렸더니 어느새 공원에는 사람들이 가득하다. 대부분은 가족단위로, 아이들을 데려 나와 뛰어 놀게도 하고, 연세가 지긋하신

노부부들도 조용히 앉아 따뜻한 시간을 보내고 있었다. 유모차를 끌고 나온 애기 엄마, 잠시 점심시간에 바람 쐬러 나온 듯한 정장 차림의 청년. 다들 따뜻한 봄 날씨와도 같은 평온한 시간을 보내고 있었다.

슬슬 다시 또 자리를 옮기며 에든버러 도심 속을 걷는다. 국립 미술관 앞에서는 마술 쇼를 구경하느라 많은 사람들로 북적이었고, 길거리에서는 드럼통 몇 개를 주워 와 난타를 하는 청년, 풀밭에서 기타 하나 메고 노래하는 남녀 젊은이들, 스코틀랜드 전통 의상을 입고 백 파이프를 연주하는 아저씨 등 하나하나가 내 머릿속엔 아직도 그림같이 선명하게 남아있다. 지구 반 바퀴를 돌아 맥주 하나 마시러 왔지만 그 동안 만난 사람들과 그들의 즐거워 보이는 표정, 그때 느껴지던 설렘과 그곳의 분위기는 다채롭고 인상적이었던 영국 맥주만큼이나 오래도록 기억될 것 같다.

영국에 맥주 마시러 가자

테마★로 만나는 인문학 여행 ⑰

전 통 과 현 대 의 만 남 , 영 국 맥 주 이 야 기

영국에 맥주 마시러 가자

1판 1쇄 인쇄 2019년 2월 20일
1판 1쇄 발행 2019년 2월 28일

———

지 은 이 임형철
발 행 인 이미옥
발 행 처 J&jj
정　　가 18,000원
등 록 일 2014년 5월 2일
등록번호 220-90-18139
주　　소 (03979) 서울 마포구 성미산로 23길 72 (연남동)
전화번호 (02) 447-3157~8
팩스번호 (02) 447-3159

———

ISBN 979-11-86972-47-2 (03920)
J-19-02

J & jj
제이 앤 제이제이

Book · Character · Goods · Advertisement · Graphic · Marketing · Brand consulting

D · J · I
BOOKS
DESIGN
STUDIO

D·J·I BOOKS DESIGN STUDIO

facebook.com/djidesign

D·J·I
BOOKS
DESIGN
STUDIO

- Book • Character • Goods • Advertisement
- Graphic • Marketing • Brand Consulting